AF277150

Wicca

Wicca

—

Cómo aprovechar las poderosas
prácticas del arte mágico

MARIE BRUCE

EDICIONES

Librería Universitaria
BARCELONA

Todas las imágenes son cortesía de: Shutterstock.

Esta edición fue publicada en 2023 por Arcturus Publishing Limiteds
26/27 Bickels Yard, 151-153 Bermondsey Street, Londres SE1 3HA

Copyright © Arcturus Holdings Limited

EDICIONES
LU
Librería Universitaria
BARCELONA

© 2024 Ediciones Librería Universitaria de Barcelona, S. L.
Joan XXIII, n° 27 - 08950 Esplugues de Llobregat
Tel. 93 289 01 46 - Fax: 93 371 94 38
info@edicioneslu.com
www.edicioneslu.com

edicioneslu

ISBN 978-84-19282-94-1

Sumario

Introducción

¡Feliz encuentro!

*Alegres nos encontramos y alegres
nos separamos,*

*Hasta que alegremente nos encontremos
una vez más, corazón con corazón.*

¿Alguna vez te has preguntado si la hechicería es real o si las brujas existen más allá de los cuentos de hadas y el folclore? Para mucha gente, la magia es un concepto estrafalario propio de los mitos y las leyendas, pero, para algunos de nosotros, la magia es tan real como el sol en el cielo y las sombras de la noche, y constituye una práctica diaria que utilizamos para manifestar cambios positivos en nuestras vidas.

Este libro de hechizos y rituales te enseñará a seguir un camino mágico en la vida, si eso es lo que deseas. Te ayudará a asombrarte ante tu propio poder personal y a aprovechar los grandes poderes del mundo natural que te rodea. Te mostrará que no eres impotente ante la adversidad. Los hechiceros existimos. Tenemos trabajos y vidas reales, e impregnamos casi todo lo que hacemos con un toque de magia. Hay muchos tipos diferentes de hechiceros, pero este libro se centrará en la rama principal, conocida como Wicca.

La Wicca es un sistema mágico que combina hechizos, rituales, celebraciones estacionales y reverencia por la naturaleza. Es un sistema espiritual de dualidad, que rinde culto tanto a una diosa como a un dios. Es una forma de vida lenta, en la que los practicantes, conocidos como wiccanos, se toman su tiempo para honrar el cambio estacional y para celebrar las fases de la luna y el cambio de las mareas. Su práctica representa un alivio frente al frenético mundo tecnológico en el que vivimos y una buena forma de conectar con nuestros antepasados.

La Wicca es un reino encantado de sombras plateadas y luz de estrellas, de luz solar arañando el suelo del bosque, de rayos de luna cayendo sobre el agua. Son velas y cristales, hierbas y flores, coronas y guirnaldas, túnicas y rituales, todo diseñado para conectar con el poder y la belleza de la naturaleza, todo diseñado para bendecir al practicante con una vida mágica y encantada, en sintonía con el mundo que le rodea.

Practico esta creencia desde hace casi treinta años y, desde entonces, ha dado forma a todos los aspectos de mi vida. Llevo más de veinte años escribiendo libros y columnas en revistas sobre magia y hechicería, y el arte de los hechizos me ha ayudado a manifestar muchos de mis objetivos y a hacer realidad mis deseos. La Wicca está profundamente arraigada en mi vida y gracias a ella paso la mayor parte de mis días sintiéndome bendecida, protegida y guiada.

Por eso, quiero compartir ese conocimiento contigo. Quiero que experimentes esa misma sensación de logro ante un hechizo bien realizado. Veo este libro como una bendición enviada desde mi corazón wiccano al tuyo para que consigas una vida mágica positiva. Que las bendiciones fluyan hacia ti mientras pasas las páginas de mi guía para principiantes al mundo mágico de *la Wicca*.

Bendito seas

Marie Bruce x

Capítulo
Uno

¿DE QUÉ HECHICERO ESTAMOS HABLANDO?

La hechicería no es solo una leyenda; es real. Un viento de cambio recorre el mundo moderno, haciendo que todas las formas de hechicería sean hoy más populares y aceptadas que nunca. Este viento de cambio ha sacado a la hechicería de la Edad Media y la ha introducido en el siglo XXI.

Todos sabemos que, en el pasado, las brujas o las personas acusadas de hechicería eran ahorcadas o quemadas en la hoguera. Afortunadamente, esos tiempos ya pasaron y la ley contra la práctica de la hechicería en el Reino Unido se derogó en 1951. Hoy en día contamos con leyes contra la incitación al odio religioso para protegernos. Si te acosan o experimentas algún prejuicio por tu interés por la Wicca, señalar esta protección legal suele ser suficiente para silenciar a la gente, ¡así que no hay necesidad de temer la soga, la hoguera o la turba sedienta de sangre que la acompaña!

Los wiccanos creemos en la reencarnación y tenemos un dicho que dice: "Una vez bruja, siempre bruja", que significa que si te atrae este camino ahora, es probable que ya lo hayas recorrido en una vida anterior, y cuando lo descubres te sientes más bien como si estuvieras regresando a casa, y no como si lo estuvieras experimentando por primera vez. Así que, ¡bienvenido de nuevo!

Hay muchos tipos diferentes de hechicería y de formas de practicar la magia. Ésa es la belleza de la hechicería:

no hay una única forma de hacer las cosas y puedes crear la práctica que más te convenga. En este libro nos centramos en la Wicca, que es una forma más moderna de hechicería y debería servirte como introducción al camino espiritual y a la práctica mágica de los wiccanos actuales.

PAGANISMO

La Wicca es una rama del paganismo, que es en sí mismo un término paraguas para englobar muchas espiritualidades. Los druidas, los wiccanos, las brujas del cerco, los eco-guerreros… son todos tipos de paganos. Aunque todos los wiccanos son paganos, no todos los paganos son wiccanos. Esto se debe a que la Wicca tiene un aspecto ceremonial que implica algo conocido como Alta Magia, como la Atracción Lunar o la Iniciación. Hablaremos de esto más adelante, pero por ahora basta decir que hay muchas personas que se describen a sí mismas como brujas, sin estar necesariamente consagradas a la Wicca.

WICCA VS. BRUJERÍA DEL CERCO

Según algunas escuelas de pensamiento, si no has sido iniciado en un aquelarre formal, no eres wiccano. Este era el caso cuando empecé a practicar en la década de los 90, cuando todavía había mucho esnobismo y elitismo en torno al credo. Sin embargo, los tiempos han cambiado y hoy en día la autoiniciación está más aceptada que antes y un wiccano es cualquiera que elija definirse como tal.

Una ceremonia de autoiniciación consiste en comprometerse a aprender todos los aspectos del credo durante un año y un día, y luego decides si quieres continuar. Encontrarás un ritual de autoiniciación al final del libro.

La brujería del cerco es la propia de aquellos que prefieren no iniciarse en un grupo y practican la magia cuando lo necesitan. Tienden a trabajar en soledad, a su propio ritmo y en su propio tiempo. Este libro se centrará en gran medida en la práctica solitaria, ya que será la más accesible para ti en tus primeros pasos.

AQUELARRES VS. EN SOLITARIO

Dicho esto, hay pros y contras en ambos tipos de hechicería, tanto la solitaria como la basada en aquelarres. En un aquelarre no solo cuentas con tu energía, sino con la de muchas otras personas. Esto significa que un aquelarre puede practicar hechizos más potentes y muchos aquelarres usan esta ventaja para lanzar grandes hechizos de protección para la vida salvaje, los bosques, los océanos y las áreas naturales que están bajo amenaza.

No hay que olvidar el aspecto social de pertenecer a un aquelarre. Los miembros más experimentados enseñan a los novatos, y los sabbats se celebran juntos. Hay un gran sentido de comunidad dentro del grupo y con ello viene la amistad y el apoyo mutuo.

No obstante, puede que no tengas la libertad de practicar cualquier tipo de magia que quieras, cuando quieras, pues el aquelarre tiene sus propias reglas y rituales a los que tienes que ajustarte, y en este sentido puede ser bastante restrictivo. Además, los aquelarres no son fáciles de encontrar. Suelen pasar desapercibidos y son muy selectivos y elitistas a la hora de invitar a sus miembros. En cambio,

un practicante solitario tiene mucha más libertad. Como wiccano solitario puedes escribir tus propios rituales y celebrarlos a tu manera. Por ejemplo, puede que prefieras celebrar el solsticio de verano al principio de la estación oscura, en lugar del día más largo y en pleno verano, que es lo más tradicional.

Otra ventaja es que siempre tienes la libertad de elegir trabajar con otros hechiceros solitarios para un sabbat o hechizo especial. De esta manera, tendrías lo mejor de ambos mundos. En realidad, la mayoría de los hechiceros empiezan siendo practicantes solitarios y, sin duda, parece ser la forma más popular en la actualidad, remontándose a las brujas de antaño, que actuaban en soledad o en pequeños grupos familiares.

WICCANOS CÉLEBRES

Como en cualquier otra disciplina, hay ciertos pioneros y líderes que han dado forma a la Wicca a lo largo de los años. Quizás el pionero más importante fue un hombre llamado Gerald Gardner, a quien a menudo se describe como el fundador de la Wicca moderna. Gardner afirmó que un aquelarre de hechiceros en New Forest le enseñó todos los aspectos de la magia a finales de la década de 1930. A partir de ahí, formó su propio aquelarre y desarrolló lo que había aprendido en un sistema mágico conocido como Wicca Gardneriana. Es a partir de sus trabajos publicados sobre este sistema de magia que nuestra práctica moderna de la Wicca ha crecido y evolucionado..

Por supuesto, Gardner no trabajaba solo. Tenía una gran sacerdotisa para ayudarle, llamada Doreen Valiente, que también publicó muchos libros sobre magia y hechicería, y que apareció en televisión varias veces hablando abiertamente de sus creencias y prácticas, lo cual fue clave para cambiar la percepción pública de los hechiceros. Según su afirmación más famosa, su aquelarre y ella lanzaron al mar un hechizo casero para evitar que los nazis desembarcaran en el Reino Unido

durante la Segunda Guerra Mundial, en la época en que ella trabajaba en Bletchley Park.

Años más tarde, en la década de 1960, Alex Sanders, que inicialmente había sido iniciado en el aquelarre gardneriano, se independizó y, junto con su esposa Maxine, fundó lo que hoy se conoce como la Wicca alejandrina, lo cual no sentó muy bien a los gardnerianos y se formó una especie de ruptura entre los dos aquelarres. Hoy en día, hay wiccanos que prefieren la tradición alejandrina a la gardneriana.

Patricia Crowther es otra destacada wiccana, también iniciada en la tradición gardneriana, que creó su propio aquelarre en su ciudad natal de Sheffield. Es autora del éxito de ventas *Lid Off the Cauldron (Tapa el caldero)*, publicado en la década de 1980, y también se cree que inventó la herramienta de adivinación de las runas wiccanas. Conocí a Patricia en una tienda new age de Sheffield. Se mostró muy cálida y cercana, me dio algunos consejos sobre adivinación y me dijo que tenía "un aura rosa encantadora, ¡bastante bonita!". Una persona realmente adorable.

Stewart Farrar se inició en el aquelarre alejandrino y pronto empezó a escribir libros sobre magia, como *What Witches Do (Lo que hacen las brujas)*, publicado en los años setenta. También él fundó su propio aquelarre, junto con su esposa, Janet, como suma sacerdotisa. Juntos escribieron *A Witches' Bible (La Biblia de las Brujas)*, que se publicó en la década de 1990 y se considera uno de los textos clave sobre la Wicca moderna.

Como se desprende de esta lista, existe un linaje definido de iniciación entre los aquelarres. Los miembros son iniciados, luego se ramifican por su cuenta e inician a nuevos miembros en la tradición, creando una herencia directa desde Gerald Gardner a través de sus iniciados más notables y, a través de las enseñanzas de sus obras publicadas, hasta los wiccanos solitarios modernos que practican hoy en día.

Ahora que hemos ubicado a la Wicca en la historia y en la sociedad moderna, ¿estás listo para aprender más? Pues pasemos a la página siguiente...

Capítulo Dos

UNA CREENCIA TOTALMENTE MODERNA

La Wicca dista mucho de ser una práctica arcaica. A pesar de los estereotipos que ha creado la fiesta de Halloween, en realidad los hechiceros tienen el mismo aspecto que cualquier otra persona y la práctica de la Wicca puede ser tan moderna como tú la plantees. Si prefieres crear tu Libro de las Sombras, o diario mágico, en un ordenador, no hay ningún problema, aunque tradicionalmente se escribe a mano. Si prefieres reunirte con tus amigos hechiceros en línea a través de Zoom, también puedes hacerlo. Los wiccanos no rechazan la tecnología; de hecho, muchos hechiceros han acogido el mundo digital con los brazos abiertos.

"HEX AND THE CITY"

Los hechiceros no siempre vivimos en cabañas en el bosque, ni embrujamos a la gente, ¡simplemente me ha gustado el juego de palabras con la famosa serie de televisión Sex and the city! En realidad, solemos vivir en casas y apartamentos normales. Algunos pueden vivir en el campo, pero la gran mayoría vivimos en grandes ciudades.

Además, no necesitas mucho dinero para convertirte en wiccano. No necesitas comprar herramientas ni túnicas caras. La mayoría de las herramientas que utilizan los hechiceros se pueden encontrar o adaptar a partir de artículos domésticos cotidianos, o incluso puedes fabricar tus propias herramientas si tienes tiempo, imaginación y unos pocos materiales básicos de artesanía. Con el tiempo, puedes optar por comprar un hermoso juego de herramientas wiccanas, pero no es esencial. Puedes usar lo que ya tienes, o ir a la caza de objetos para usar en tus manualidades.

Puedes secar tus propias hierbas para utilizarlas en hechizos.

Esto es lo que hacían las brujas de antaño: usaban lo que tenían. Así que, independientemente de dónde vivas, de tus ingresos o de tu nivel socioeconómico, puedes seguir el camino wiccano.

¿NECESITO JARDÍN?

En una palabra, no. Puedes vivir en un bloque de pisos, sin una sola maceta a la vista, y seguir viviendo la vida del brujo. Aunque muchos hechizos requieren ciertas hierbas, a menudo se pueden utilizar hierbas secas compradas en el supermercado.

Las hierbas secas son definitivamente la mejor opción si tienes un presupuesto ajustado, ya que son bastante baratas y tienen una vida útil bastante larga. Si compras un par de botes de hierbas secas en cada compra, pronto tendrás un armario de hierbas para tus hechizos sin arruinarte. También puedes cultivar tus propias hierbas en macetas en el alféizar de una ventana y secarlas tú mismo en un estante.

Si un hechizo requiere hierbas frescas, puedes pedirle unas cuantas a un amigo o pariente que tenga un bonito jardín. O salir a pasear por la naturaleza y ver qué puedes cosechar gratis. Buscar ingredientes para hechizos es muy divertido y en un simple paseo por el parque local puedes encontrar ramitas, hojas, flores, semillas, … para utilizar en tus hechizos.

También puedes prescindir de las hierbas y trabajar con cristales. Tú decides. Lo bonito de la hechicería es que es una práctica individual y encontrarás tu propia manera de hacer las cosas, utilizando las herramientas que mejor vayan contigo y que mejor se adapten a tu vida y a tu presupuesto.

SALIR DE LAS SOMBRAS

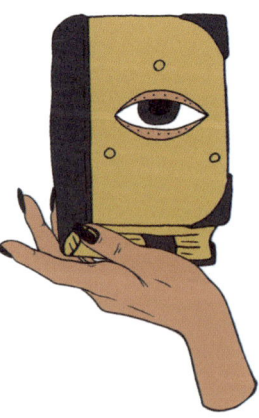

En el pasado, la Wicca estaba rodeada de misterio y era difícil encontrar gente con ideas afines. En el Reino Unido, organizaciones como *The Pagan Federation* y *The Children of Artemis* podían ayudarte a relacionarte, pero también eran bastante difíciles de encontrar si no sabías dónde buscar. Aunque algunos wiccanos notables salieron a la palestra dando entrevistas en televisión para destacar su práctica, si estabas interesado en seguir el camino de la Wicca, tenías que encontrar tu camino en la oscuridad.

¡Pero Internet ha marcado una gran diferencia! Hoy en día puedes encontrar un gran número de paganos en las redes sociales, lanzando hechizos y mostrando sus prácticas ante la cámara, subiendo sus vídeos para que todos los vean. Este impulso se ha producido, en su mayor parte, desde comienzos de este milenio.

Es maravilloso que en los últimos veinte años, más o menos, la Wicca haya salido del armario de las escobas y ahora se contemple como una opción viable en las redes sociales, con canales de hechicería que acumulan visitas y seguidores a un ritmo vertiginoso. Esto significa que los nuevos hechiceros pueden encontrar fácilmente a alguien de quien aprender, alguien a quien recomendar libros mágicos y barajas de cartas útiles, o simplemente alguien con quien conectar. Estas comunidades wiccanas en línea están prosperando y esta tendencia no muestra signos de decaer.

También está exponiendo a toda una nueva generación y a un nuevo público al concepto de la magia cotidiana, lo que está dando lugar a un renovado interés por todo lo relacionado con la hechicería. Es uno de los avances más positivos que ha experimentado la hechicería en décadas. Internet y sus creadores de contenido, en particular las plataformas de medios sociales como YouTube, Instagram y Tik Tok, están continuando el trabajo que Gerald Gardner, Doreen Valiente y Patricia Crowther comenzaron entre los años 1940 y 1990, contribuyendo así a desacreditar la propaganda negativa y mostrando la Wicca como la práctica sana y espiritual que realmente es. Eso sí que es una bendición.

HECHICERÍA LENTA

La Wicca es una forma de vida lenta. Fomenta los paseos por el campo, los picnics rituales en el parque y pasar tiempo en el jardín (si lo tienes). Promueve la observación de las estrellas y de la luna. Enseña a bailar alrededor de las hogueras, bailar con el vaivén de los árboles en un claro del bosque, o con tu propia sombra en una habitación a la luz de las velas. Ofrece la oportunidad de desconectar del mundo laboral

y conectar con la magia profunda de la madre naturaleza. Como práctica estacional, te ayudará a sintonizar con las energías naturales que te rodean y a ver la belleza en el largo y oscuro sueño del invierno con la misma facilidad con la que percibes la promesa de un nuevo amanecer en primavera.

Al promover la vida lenta, la Wicca puede mejorar tu salud mental al nutrir tu mente, cuerpo y espíritu, y equilibrarlos. Ir más despacio puede aumentar tu productividad, ya que te concentras más y terminas la tarea que tienes entre manos, en lugar de ir de un lado a otro haciendo varias cosas a la vez y acabar rodeado de una serie de trabajos a medio terminar que no hacen más que aumentar tus niveles de estrés.

El enfoque ritualista que los hechiceros dan a las tareas cotidianas, como limpiar la casa, puede ser muy beneficioso, ya que alimenta un sentimiento de satisfacción personal al poner magia en lo mundano. Además, muchas prácticas wiccanas, como el enraizamiento, la meditación, la visualización y pasar tiempo al aire libre, tienen la ventaja adicional de ser excelentes antiestrés, por lo que un estilo de vida wiccano puede ser realmente bueno para la salud.

ACADEMIA DE HECHICERÍA

La Wicca es una práctica lírica y notarás que hay muchos cantos, mantras, invocaciones y conjuros en este y otros libros sobre Wicca. Esto no es solo por efecto poético. Los encantamientos tienen un propósito específico, ya que pronunciamos nuestros hechizos en voz alta con el fin de añadir nuestra propia fuerza vital, a través de nuestra respiración,

Todo tipo de magia está a disposición de los hechiceros que deseen estudiarla.

a los hechizos que estamos lanzando. Esto ayuda a impulsar el hechizo en su camino a través del poder del aire, pero también conecta la magia con el individuo que habla, lo cual es importante cuando estás tratando de manifestar algo.

No es casualidad que exista una etiqueta muy popular en las redes sociales: "academia de hechicería". La hechicería lleva tiempo aprenderla y tendrás que desarrollar una mentalidad erudita si quieres seguir seriamente el camino de la hechicería y convertirte en un experto en ella. Hay que estudiar mucho, pero no hace falta ser un genio; es más importante que seas entusiasta y que dediques tiempo a aprender lo básico, antes de pasar a rituales más avanzados.

El estudio de la hechicería incluye muchos temas. Herboristería, aromaterapia, curación con cristales, astronomía, astrología, adivinación, el ciclo lunar o el tarot son solo algunos de los temas más comunes que los hechiceros tienden a estudiar, así como el lanzamiento de hechizos, por supuesto. Algunos de estos temas pueden interesarte, otros no, y no pasa nada. Para empezar, tus sesiones de estudio académico de hechicería consistirán en elegir los temas que más te intriguen y partir de ahí.

Lo que necesitarás es un espacio de estudio seguro. Puede ser una simple mesa, un escritorio, o un nuevo archivo en el portátil. O puede ser una serie de cuadernos que guardes en un cajón y mantengas ocultos de miradas indiscretas. Cualquier cosa que te sirva está bien. No hay reglas en cuanto a dónde debes estudiar y no hay un plan de estudios establecido al que debas adherirte. Puedes estudiar Wicca en tu jardín, en tu coche o en un café. *Dónde estudies* no es tan importante, pero cómo lo hagas sí.

Debes estudiar con el corazón y la mente abiertos, con sentido del respeto y ganas de aprender. Aunque un cierto grado de escepticismo siempre es sano (sobre todo cuando te adentras en un tema totalmente nuevo), no debes mostrar una actitud cínica, ya que esto solo perjudicará tu progreso.

Se puede estudiar siempre que se quiera, con la frecuencia y durante el tiempo que se disponga, pero hay algo verdaderamente mágico en estudiar hechicería por la noche, durante las horas de oscuridad, cuando todo el mundo está en silencio.

Tu práctica de estudio wiccano también debe ser divertida. Debe ser un lugar reconfortante al que puedas volver una y otra vez, que te ayude a liberarte del estrés del día y a perderte en el mundo mágico que estás creando. En este sentido, estudiar a la luz de la lámpara, con velas e incienso encendidos, te ayudará a crear un resplandor suave y acogedor que te atraerá. El incienso es muy famoso en el mundo de la hechicería por su poder para ayudar a la concentración y se puede comprar a un precio bastante asequible en forma de varitas de incienso o aceite perfumado, por lo que sería un aroma ideal para quemar durante tus sesiones académicas de hechicería.

Tener objetos especiales a tu alrededor mientras estudias también puede ayudarte a alimentar a tu erudito interior. Cristales, adornos de bruja, luces de hadas, libros de hechizos, un pequeño telescopio para mirar las estrellas, conchas marinas, una fotografía enmarcada de un familiar, todo puede ayudar a crear una atmósfera mágica propicia para el estudio wiccano.

Hechizo para bendecir un espacio de estudio

Una vez que hayas decidido y montado tu espacio de estudio de hechicería, bendícelo esparciendo humo de incienso a su alrededor. Mientras lo haces, di:

Cargo este espacio de estudio

Con fuertes bendiciones de gracia wiccana

Con el corazón abierto y la mente inquieta

Mi camino wiccano vengo a encontrar

La vida de un erudito empiezo ahora

Sabiduría wiccana ven a mí.

Hechizo de estudio de la Academia de Hechicería

Estudiar no siempre es fácil. Requiere disciplina, constancia y la capacidad de automotivarse. También puede llevarte algún tiempo centrarte en una nueva sesión de estudio, ya que estás pidiendo a tu mente que se aleje de las preocupaciones mundanas y entre en un estado mental superior, escolástico. Utiliza este sencillo hechizo para ayudarte en esta trascendencia académica. Mientras enciendes tus velas de estudio, pronuncia el siguiente conjuro:

Enciendo la luz del conocimiento en esta hora

Para impartirme el poder de un wiccano

Uso este poder en amor y luz

A medida que estudio el arte,
nuevos conocimientos brillan.

LIBRO DE LAS SOMBRAS

El Libro de las Sombras es sin duda la herramienta más importante y personal de un hechicero. En parte diario, en parte libro de hechizos, es una recopilación de todas sus incursiones en el arte de la hechicería. Es un diario mágico, tradicionalmente escrito de puño y letra y quemado al morir. Se mantiene en privado o solo se comparte con otras personas mágicas de confianza, como familiares cercanos y amigos wiccanos. En él, el brujo escribe todos sus hechizos y rituales favoritos, junto con los resultados que experimentó al lanzarlos (lo que funcionó bien y lo que no). De este modo, el Libro de las Sombras se convierte en una herramienta mágica en constante evolución, que documenta el progreso del hechicero y su camino personal. No hay dos Libros de las Sombras iguales, pues son tan individuales como el brujo que los crea. Algunos presentan mucha decoración, otros no tanta, pero todos están imbuidos del poder de quien los creó.

Un Libro de las Sombras es donde comienza tu academia de hechicería. Aquí documentarás los hechizos que has realizado y las meditaciones e invocaciones que más que te gustan. También puedes añadir tus bocetos y poemas personales, flores y hierbas prensadas, recuerdos mágicos, etc.

Aunque se pueden comprar en Internet Libros de Sombras muy elaborados, suelen ser caros y no son necesarios. Lo único que necesitas es un cuaderno en blanco de tamaño A4, o si lo prefieres, una carpeta de anillas. Decóralo como quieras, haciéndolo tan mágico y encantador como puedas. Deberías sentirte emocionado y poderoso cuando te pongas a trabajar en tu Libro de las Sombras. Si lo deseas, puedes añadir una cinta marcapáginas, pegándola en la parte superior del libro y cosiendo amuletos mágicos, como un pentáculo de plata, en el extremo de la cinta. Quizá te apetezca añadir varias cintas para poder marcar varias páginas a la vez.

Bendición del libro

Una vez que tengas tu libro, escribe tu nombre dentro. Muchos wiccanos eligen su propio nombre mágico especial, así que escríbelo si tienes uno. Después, es costumbre bendecir el libro y dedicarlo a tu magia. Para ello, primero limpia el libro pasando humo de incienso a su alrededor. A continuación, unge las cuatro esquinas, por delante y por detrás, y el lomo del libro con un aceite esencial de tu elección. Esto impregnará el libro de magia y aroma. Ahora, pon las manos sobre el libro y pronuncia el siguiente conjuro para bendecirlo.

Atesorada en lo profundo y verdadero de estas páginas

La sabiduría de la Wicca a través de los tiempos

Mantén a salvo este tomo bien escondido

De secretos escritos que nadie puede contar

Protégelo de ojos no destinados a ver

Bendecido por la magia será este libro.

Copia este encantamiento de bendición del libro en la primera página de tu Libro de las Sombras. Ahora tienes tu propio libro mágico y puedes llenarlo con todas las cosas que has aprendido y que te gustan sobre la Wicca, el Arte de los Sabios. Tu viaje mágico ha comenzado.

Capítulo Tres

INVOCAR
LA MAGIA

Ocho palabras que interpreta la Rede Wicca

Si no hace daño a nadie, haz lo que quieras

La magia es un aspecto integral de la práctica wiccana y lanzar hechizos es algo normal y cotidiano para la mayoría de los wiccanos. Lanzamos hechizos de protección para nuestros seres queridos y nuestras propiedades, realizamos rituales de limpieza como parte de las tareas domésticas y tenemos una forma de encarar la vida con gratitud, utilizando la magia para suavizar las pequeñas imperfecciones de la vida.

Con una actitud positiva y un toque de magia de tu parte, realizar tus deseos puede ser un proceso bastante sencillo, aunque la magia no sustituye al compromiso personal y tendrás que seguir trabajando duro para conseguir tus objetivos. No tiene sentido practicar hechizos para conseguir un nuevo trabajo si nunca lo solicitas. Aunque quien no conoce la magia se pueda pensar que sí, la magia no hace que las cosas caigan del cielo.

Los wiccanos siguen una regla sencilla: no hacer daño a nadie. Cuando hagas magia, debes preguntarte si el hechizo que estás lanzando puede causarte daño a ti mismo o a otros, o si está actuando contra el libre albedrío de alguien, es decir, ¿estás lanzando un hechizo para intentar que alguien haga lo que tú quieres que haga? Si es así, no deberías lanzarlo, sino buscar una solución alternativa. La razón es muy simple:

según la ética wiccana, todo lo que lanzas se te devuelve con el triple de fuerza y consecuencias, lo que se conoce como la Ley Triple. Por lo tanto, lanzar hechizos nobles garantizará un retorno positivo, mientras que interferir con el libre albedrío de alguien traerá consecuencias negativas. Por tanto, siempre es mejor atenerse a estas sencillas reglas y practicar una magia positiva.

También es preciso hacer preparativos antes de empezar a lanzar hechizos. Los wiccanos trabajamos en sintonía con los elementos y la divinidad, en un espacio sagrado dedicado a la magia positiva. Añadimos velas y símbolos de las energías con las que trabajamos, creando un espacio decorativo que nos ayuda a centrarnos en el resultado mágico que deseamos. En este capítulo aprenderás a crear un espacio mágico que funcione como un poderoso conducto para tus hechizos, rituales y celebraciones sabbat.

HERRAMIENTAS

Hay varias herramientas que se utilizan en la Wicca y que constituyen las herramientas básicas de la magia. Es necesario reunirlas, aunque la mayoría las puedes encontrar en casa y adaptarlas para su uso mágico.

ATHAME

Se trata de un cuchillo mágico. Se utiliza para dirigir la energía o para grabar signos y palabras en las velas de los hechizos. Según la tradición, ha de tener un mango negro y la hoja debe estar desafilada para que sea inofensivo. Se puede utilizar cualquier cuchillo, desde un simple cuchillo de cocina hasta un elegante abrecartas. El athame está en sintonía con el elemento fuego.

VARITA

Para dirigir la energía, se puede utilizar una varita como alternativa al athame. Puede ser de cristal o de madera y está sintonizada con el elemento aire.

PENTÁCULO

Es un disco redondo en el que se representa un pentagrama o estrella de cinco puntas. Probablemente sea la herramienta más útil para los hechizos, ya que los hechiceros colocan velas, cristales, … sobre el pentáculo para cargarlos de energía mágica. Está en sintonía con el elemento tierra.

CÁLIZ

Cualquier recipiente puede funcionar como cáliz. Hay muchos cálices mágicos a tu alcance, desde cálices de plata hasta cálices de peltre, pero incluso una simple copa de vino te puede servir. El cáliz está en sintonía con el elemento agua y se utiliza para contener el vino ritual.

ESCOBA

Sí, los wiccanos usan escobas. En concreto, se utilizan en los rituales de purificación para barrer la energía negativa. Suelen decorarse con cintas, plumas y tallas, y puedes encontrar escobas bastante sencillas y baratas en Halloween o en centros de jardinería, que puedes decorar a tu gusto.

CALDERO

El caldero de hierro suele utilizarse para contener fuego, de modo que en él se pueden realizar conjuros de fuego o colocar una vela como parte de una celebración sabbat. También puede utilizarse como herramienta adivinatoria. Al igual que el cáliz, está en sintonía con el elemento agua. Los calderos de hierro se pueden encontrar en tiendas de antigüedades, aunque cualquier olla ignífuga te puede servir.

CREAR UN ALTAR WICCANO

Una vez que tengas todas tus herramientas, ya podrás crear tu propio altar en casa y consagrarlo a tu práctica mágica. Puede ser una estantería, el alféizar de una ventana o una superficie de trabajo. Si prefieres mantener la intimidad, puedes esconder tu altar en el armario, pero si prefieres mantener una actitud abierta, puedes exponer tu altar.

Según la tradición, el altar debe colocarse en el norte o el este de la habitación. Aunque cada altar de hechicería es diferente y único, siempre representa los cuatro elementos, además de la divinidad, y hay algunos objetos estándar que han de figurar en él. Por ejemplo, a los lados, hacia la parte inferior del altar, debes colocar dos velas blancas. Representan el elemento del fuego.

Entre las dos velas, coloca algo que represente la divinidad para ti. Puede ser la estatua de una diosa, de un dios o de ambos. O puede ser una imagen de una deidad en un bonito marco, o algo más abstracto, como un cristal o una planta.

Un porta-incienso también es muy útil, ya que puede utilizarse para representar el elemento aire y también para quemar varitas de incienso como ofrenda de acción de gracias y gratitud, incluso cuando no tengas previsto realizar un ritual completo. El porta-incienso debe colocarse en el lado este o derecho del altar.

El agua suele representarse con un cáliz wiccano, que puede ser cualquier recipiente con pie para beber, colocado en el lado oeste o izquierdo del altar.

Por último, has de añadir algo que represente el elemento tierra. Puede ser una planta, un cristal, flores o tu pentáculo, que ha de estar en el centro del altar.

Otros objetos que puedes utilizar como decoración para tu altar son cristales, conchas, plumas, piñas, un tarro de sal para la purificación... Asegúrate de hacerlo lo más mágico y bello posible, mantén tu Libro de las Sombras cerca y ten en cuenta que tu altar evolucionará con el tiempo, tanto como tú crezcas en el arte de la Wicca.

Ritual de dedicación del altar

Cuando tengas listo tu bonito altar wiccano, debes dedicarlo a tu magia. Para ello, llena el cáliz con agua de manantial, añade una pizca de sal y una o dos gotas de tu aceite esencial favorito y luego, con los dedos, esparce el agua perfumada sobre el altar, mientras dices:

Limpio, purifico y dedico este espacio a todos
los poderes de la magia positiva y del ritual wiccano.
Que la luz del Señor y de la Señora brille sobre
este espacio y lo impregne con su amor.

Que así sea

Cómo hacer
un pentáculo de altar

Puedes comprar pentáculos de altar en tiendas new age o en Internet, aunque también te lo puedes hacer tú mismo fácilmente. Simplemente necesitarás arcilla de modelar verde o marrón que se pueda cocer en un horno convencional, como la pasta Fimo; un rodillo; una regla y tu athame. Trabaja la arcilla entre las manos hasta que esté lo bastante blanda como para darle forma, y extiéndela con el rodillo hasta formar un círculo del tamaño de un plato de té. Con la regla y el athame, talla una estrella de cinco puntas en la parte superior del disco y, a continuación, sigue las instrucciones para hornearlo. Una vez horneado, déjalo enfriar y colócalo en el altar. Ya tienes pentáculo para utilizar en tus hechizos.

Cómo hacer
una varita mágica

as varitas no se crean de cero, sino que se encuentran, así que date un agradable paseo por el bosque y, mientras disfrutas de la naturaleza, pide en silencio al espíritu del bosque que te proporcione una ramita caída que puedas utilizar como varita mágica. Debes tener en cuenta que, según la tradición, la varita debe ser tan gruesa como tu pulgar y tan larga como tu antebrazo. Cuando encuentres la varita adecuada, da las gracias al bosque y llévatela a casa. Deja que se seque bien.

A continuación, decora la ramita para que se convierta en tu varita mágica. Añade un cristal puntiagudo, pegándolo al extremo de la ramita y asegurándolo con un cordel o cinta para que quede bien sujeto. Cualquier cristal puntiagudo te puede servir, como cuarzo rosa, cuarzo transparente o cuarzo níveo. Además, si te apetece, puedes pintar tu nombre mágico a lo largo de la varita con pintura dorada o plateada.

Cuando el pegamento se haya secado, barniza la varita con barniz para madera para sellarla y hacerla lo suficientemente resistente y duradera. Ya tienes tu propia varita mágica.

HERRAMIENTAS OSCURAS

A medida que te adentras en este arte, vas coleccionando toda una serie de herramientas para utilizar en la práctica, entre las que se encuentras las herramientas que hemos enumerado antes, pero también herramientas adivinatorias como cartas del tarot, piedras rúnicas, tableros espirituales, etc.

Aunque muchas de estas herramientas a menudo tienen connotaciones oscuras y ocultas, es el brujo el que decide con qué intención va a utilizarlas. Si te atienes a la Rede Wicca y no haces daño a nadie con

tu magia, no hay razón por la que no puedas incorporar estas herramientas a tu práctica.

Recuerda también que las herramientas de hechicería no tienen por qué ser oscuras o tenebrosas; puedes encontrar herramientas preciosas si te informas bien. Por ejemplo, puedes incorporar a tu altar runas hechas con cristales de colores pastel, como cuarzo rosa, jade, aventurina o ágata azul, o cartas de tarot basadas en cuentos de hadas, o varitas de cristal de cuarzo blanco. Tu práctica mágica puede ser tan hermosa como tú quieras que sea, así que deja que tu altar refleje tu personalidad e incorpora libremente todos tus colores favoritos.

ENTRE MUNDOS

Toda la magia y los rituales tienen lugar dentro de un espacio conocido como círculo. Siempre que quieras hacer magia de cualquier tipo, debes trazar este círculo para delimitar tu espacio sagrado. Es una técnica de visualización y a menudo se dice que el círculo está "*entre los mundos*" para simbolizar que pertenece tanto al reino mágico como al terrenal.

El propósito del círculo es contener la energía que se eleva durante la magia para que no se escape. De este modo, la energía mágica solo se liberará cuando el practicante así lo desee y ordene. A su vez, el círculo también actúa como un límite protector a tu alrededor mientras trabajas la magia, o como dispositivo de protección alrededor de la casa, el coche o uno mismo, por lo que tiene una gran utilidad.

Crear un círculo

Para trazar un círculo necesitas el athame, la varita o tu dedo. Colócate frente al altar y camina (o gira si el espacio es pequeño) en círculo con la varita extendida. Muévete tres veces en el sentido de las agujas del reloj, visualizando una luz azul o blanca que sale del athame, la varita o el dedo y crea un círculo a tu alrededor y alrededor del altar. Mientras lo haces, di:

Conjuro este círculo de poder wiccano

Protege mi magia en esta hora embrujada

Vuelta y vuelta y vuelta tres veces

El círculo está trazado, que así sea.

Invocando a los cuartos

C ada cuarto del círculo está regido por uno de los elementos, que deben ser invocados antes de realizar cualquier magia. Como la Wicca se basa en la sintonía con la naturaleza, invocamos los cuatro elementos que componen nuestro mundo: tierra, aire, fuego y agua. Para comenzar las invocaciones, dirígete al norte de tu círculo, levanta los brazos en señal de invocación y di:

Guardianes elementales del norte

Poderes de abundancia y crecimiento

Invoco vuestra presencia y os pido que protejáis
este espacio sagrado.

Muévete entonces hacia el este del círculo y repite el proceso, diciendo:

Guardianes elementales de oriente

Poderes de creatividad y comunicación

Invoco vuestra presencia y os pido que protejáis
este espacio sagrado

Ahora muévete hacia el sur del círculo y esta vez di:

Guardianes elementales del sur

Poderes del amor y la pasión

Invoco vuestra presencia y os pido que protejáis
este espacio sagrado.

Por último, ve al oeste del círculo e invoca el último cuarto diciendo:

Guardianes elementales del oeste

Poderes de intuición y emoción

Invoco vuestra presencia y os pido que protejáis
este espacio sagrado.

Muévete al centro del círculo y di, finalmente:

Bienvenidos, espíritus y guardianes

A este mundo entre los mundos de Wiccan Lore.

Ahora ya estás listo para realizar rituales con las deidades que hayas elegido, celebrar un sabbat, lanzar hechizos o realizar adivinaciones. Cuando hayas completado tus tareas mágicas, deberás liberar a todos los guardianes que hayas invocado. Para ello, procede en orden inverso, empezando por el oeste, y diciendo a cada cuarto:

El hechizo está lanzado, la magia brilla

Guardianes os libero

En paz, amor y luz.

Desmontar
el círculo

Cuando hayas completado tu magia y liberado a los guardianes elementales, deberás desmontar el círculo mágico, lo cual indica que el hechizo ha sido liberado en el mundo y puede empezar a manifestarse. Desmontar el círculo es fácil. Simplemente tienes que caminar tres veces alrededor de tu espacio sagrado en sentido contrario a las agujas del reloj, imaginando que la luz del círculo se apaga a medida que dices:

Ya se han pronunciado las sabias palabras de la hechicería

Este círculo está abierto, pero nunca roto.

Y con esto ya puedes continuar con tu rutina diaria, sabiendo que has añadido un toque de magia y encanto a tu vida.

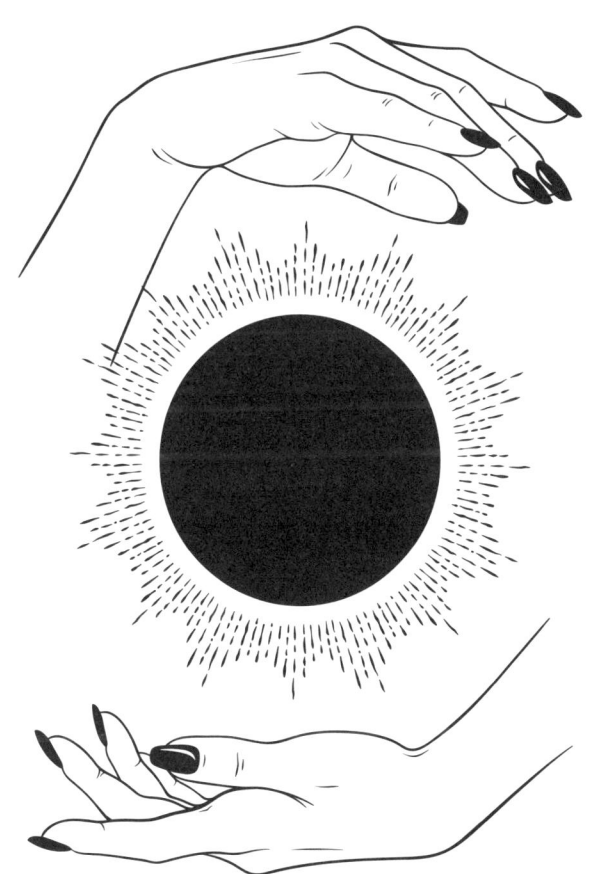

Capítulo Cuatro

LA SEÑORA DE LA LUNA

La Wicca representa una espiritualidad basada en la tierra que se centra en la dualidad y el equilibrio. Así, los wiccanos creen que la divinidad es tanto femenina como masculina, esto es, creen en una Diosa y un Dios, conocidos simplemente como Señor y Señora.

La Diosa es la madre de todos nosotros, y representa el poder de la luna y la belleza de la tierra. Recibe muchos nombres diferentes porque las mitologías antiguas incorporaban muchas diosas distintas, y algunos hechiceros de la modernidad siguen invocando a estas deidades. Algunos de sus nombres más conocidos son Diana, Selena, Artemisa, Morrigan, Cerridwen, Atenea, Brígida, Afrodita, Hécate, Gaia o Venus. Todo esto puede resultar confuso para los hechiceros neófitos, pero hay que intentar visualizar a la Diosa como un enorme diamante con muchas facetas: cada una de estas facetas es una deidad, pero todas son en su conjunto una Gran Diosa.

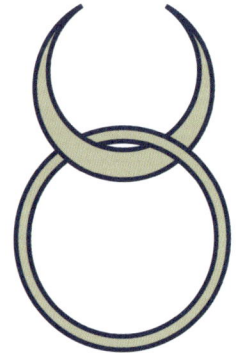

Cada brujo tendrá su propia percepción de la divinidad. De hecho, no estarás en sintonía con todas las deidades, y eso es perfectamente normal. Con el tiempo aprenderás a discernir con qué deidades te gusta trabajar y con cuáles no, ya que esto no va de qué es correcto o incorrecto, sino de qué funciona para ti y qué no.

Para simplificar, los wiccanos suelen trabajar con la Triple Diosa, llamada así porque representa las tres etapas de la feminidad: Doncella, Madre y Anciana. También conocida como "la Tres en Una", la Triple Diosa es siempre un buen punto de partida para iniciarse en el camino wiccano.

LA TRIPLE DIOSA Y LA LUNA

La Diosa siempre está vinculada a la luna y al ciclo lunar. Sus colores son el plateado, el blanco y el azul pálido. Si analizamos la apariencia de la Triple Diosa, su aspecto de Doncella está vinculado a la luna nueva y creciente y su color es el blanco. Deberías invocarla para todos los hechizos de nuevos comienzos y nuevos proyectos. Sus energías ayudan a que las cosas vengan a ti, por lo que los hechizos de manifestación deben realizarse siempre a la luz de la luna nueva.

Por su parte, la luna llena es el momento de la Madre, cuyo color es el rojo por la sangre del nacimiento. Se invoca para los hechizos de crecimiento, expansión, abundancia… y se considera esta fase como el momento más propicio para la magia y el lanzamiento de hechizos. Se considera que los hechizos de fertilidad deben realizarse a la luz de la Luna Madre, así que si tus intenciones pasan por formar una familia o un negocio, el poder de la luna llena puede ayudarte. Asimismo, al ser la fase más poderosa del ciclo lunar, técnicamente todos los hechizos pueden realizarse durante esta fase.

La luna menguante es el tiempo de la Anciana, representada por el color negro de la oscuridad de la noche. En esta fase se realizan los hechizos para eliminar algo de ti, por lo que los hechizos de destierro y atadura se suelen realizar cuando la energía de la Anciana está en el cielo nocturno. Por tanto, debes realizar durante la luna menguante aquellos hechizos que te ayuden a renunciar o desprenderte de lo que ya no te sirve, ya sea una vieja relación o un mal hábito.

ESBATS

Al ser tan importante la luna en la Wicca, la mayoría de los wiccanos celebran una fiesta especial en las noches de luna nueva y de luna llena, celebración llamada esbat. Como la luna representa a la Diosa, realizan un ritual llamado Atraer la Luna, cuyo simbolismo reside en aceptar las energías de la Diosa lunar en uno mismo y en la vida.

Puedes celebrar esbats con amigos o en solitario. Habrá meses en los que estés tan ocupado que no puedas celebrar el ritual completo, y no pasa nada, ya que la Wicca representa una parte de tu vida, no la totalidad de ella. Pero sí que es verdad que pasar algún tiempo en sintonía con el poder de la luna y las energías de la Diosa en un esbat te puede ayudar a conectar mejor con tu magia.

El ritual del esbat comienza tradicionalmente con un baño ritual, al que se añade leche o agua de luna (más adelante veremos cómo preparar el agua de luna), así como un poco de sal para aumentar las propiedades purificadoras. Tras el baño, se encienden velas blancas e incienso de reina de la noche en el altar y se prepara una copa de vino blanco, zumo o leche, junto con pasteles o galletas en forma de media luna (en el caso del esbat de luna nueva) o redondos (en el caso del esbat de luna llena), que puedes preparar con antelación, siguiendo una receta básica de masa quebrada y utilizando cortadores con la forma adecuada. Una vez tomado el baño y preparado el altar, es hora de realizar el ritual del esbat.

Invocar
la luna

Dirígete a un lugar desde el que tengas una visión clara de la luna. Puede ser un jardín, un balcón o una ventana. Lleva tu athame contigo. Pasa un rato contemplando la luna y conecta con la belleza de la Diosa lunar.

Cuando te sientas preparado, levanta los brazos en señal de invocación, sosteniendo el athame de forma que parezca que su punta toca la luna, y mientras lo haces, pronuncia el siguiente conjuro:

Señora de la Luna, de las Sombras y la Luz

Invoco tu poder en esta noche sagrada

Atraigo hacia mí tus rayos de luna

Para iluminar mi camino a través de los caminos wiccanos

Diosa sagrada de Tres en Una

Doy la bienvenida a tu belleza, que así sea.

Regresa a tu altar y utiliza la energía lunar para realizar cualquier tipo de magia o adivinación, y después disfruta del vino y las galletas lunares (parte del ritual que se conoce como Cakes and Ale), mientras suena alguna música pagana de tu agrado. Da gracias por toda la magia que hay en tu vida y por todo lo bueno que está por venir. Presta atención a cualquier sueño que tengas después de atraer las energías de la luna, ya que pueden ser señales de que la Diosa tiene un mensaje especial para ti.

Cómo preparar
agua de luna

El agua de luna es un elemento esencial en los hechizos mágicos, los baños y los rituales de purificación. Prepararla es muy fácil, y la puedes utilizar para acercar los poderes mágicos de la luna a tu vida cotidiana y tus hechizos. Simplemente tienes que hacerte con una botella o un tarro con tapa y llenarlo de agua de manantial. A continuación, debes cerrar bien la tapa y dejar la botella a la luz de la luna llena de una a tres noches, asegurándote de colocar la botella en un lugar donde pueda absorber la luz de la luna durante la mayor parte de la noche.

Cuando el agua se haya impregnado de las energías lunares, pega una etiqueta en la botella que ponga *Agua de Luna* y guárdala cerca de tu altar. Aquí simplemente te damos algunas ideas para usar esta agua, pero siéntete libre de inventar tus propias formas de utilizarla y acercar la magia a tu vida cotidiana.

Puedes usar tu agua de luna para:

* Regar las plantas

* Llenar tu difusor de aromaterapia

* Añadir al agua de baño

* Bañar tu rostro en un ritual de belleza

* Rociar cara y cuerpo para combatir el calor

* Limpiar

* Preparar una infusión o un zumo especial

* Lavar el pelo

* Verter en un cuenco de adivinación

MADRE TIERRA

Además de estar vinculada a la Luna, la Diosa también está representada por la propia Tierra. En este sentido, se la conoce como Madre Tierra o Madre Naturaleza. Sus colores son el verde, el bronce y el marrón. Es poderosa y regenerativa, y los wiccanos se esfuerzan por no causarle daños.

La tierra es nuestro hogar y necesitamos conectar con las energías naturales que nos rodean para prosperar. Si pasamos tiempo encerrados en casa nos podemos deprimir, mientras que pasar tiempo en la naturaleza siempre es algo bueno para la salud y el alma. También es una oportunidad de devolverle a la tierra parte de lo que nos regala, como por ejemplo recogiendo residuos o simplemente ofreciendo tu amorosa energía a cualquier planta o árbol que creas que necesita un poco más de amor y cuidado.

Si no tienes tu propio espacio natural, aprovecha los parques y bosques que tengas a tu alrededor. No solo son un desestresante maravilloso, sino que también te ofrecen la oportunidad de conectar con la Diosa tierra, porque igual que puedes invocar los poderes de la luna, también puedes conectar con la tierra de una forma mágica. El ritual que te ofrecemos a continuación es fantástico para conectar con la tierra, además de ayudarte a reducir la ansiedad y el estrés.

Invocar la tierra

P ara realizar este ritual necesitas estar al aire libre, en la naturaleza, ya sea en un parque, en tu propio jardín, en un páramo…

Busca un lugar tranquilo, lejos de la multitud, pero no tan lejos como para correr peligro si estás solo. Siéntate en la tierra y quítate los zapatos. Siente la hierba bajo tus pies y cómo la tierra soporta tu peso. Ahora túmbate y relájate, respirando profundamente a la vez que miras las nubes, los pájaros, los árboles. Relájate y deja que pase el tiempo.

Cuando te sientas preparado, coloca las palmas de las manos sobre la tierra que tienes a tu lado. Siente la hierba con los dedos de las manos y de los pies e imagina que una energía verde surge de la tierra e invade tu cuerpo con fuerza. Canta con dulzura:

La tierra es mi madre, me acuna

Invoco el poder de la tierra, que así sea

La tierra es mi madre, me nutre

Invoco el poder de la tierra, que así sea

La tierra es mi madre, me alimenta

Invoco el poder de la tierra, que así sea.

Quédate todo el tiempo que quieras tumbado en la tierra y cantando. Verás cómo tu respiración se tranquiliza y tu cuerpo se relaja cada vez más, mientras tu mente se maravilla con toda la belleza que te rodea. Deja que la Madre Tierra cure tu estrés y disfruta de sus benévolas energías.

DAR AMOR A LA MADRE TIERRA

La Wicca es una práctica bidireccional. Esto significa que los wiccanos no solo aprovechan los poderes de la naturaleza para sus propios fines mágicos, sino que también le dan algo a cambio. Una de las formas más sencillas de hacerlo es ofreciendo nuestra energía al mundo natural que nos rodea.

Por ejemplo, busca una planta o un árbol que parezca un poco marchito. Frótate las manos, palma con palma, y ponlas sobre la planta que has elegido. Visualiza tu energía amorosa penetrando en la planta e insuflándole un impulso de positividad. Mientras lo haces, también puedes ponerle un nombre a la planta y decirle lo hermosa que es, lo mucho que la aprecias y que harás todo lo que esté en tu mano por ayudarla a crecer.

Ofrecer tu energía libremente de esta manera completa tu conexión con la tierra, pues lo que habías tomado de la tierra, ahora se lo devuelves.

Este es el verdadero significado de la frase wiccana "as above as below" *(como es arriba es abajo)*. Lo que tomamos de la divinidad y de la naturaleza, se lo devolvemos de otras maneras, en una relación de respeto y cuidado. Este es el camino wiccano.

Capítulo
Cinco

EL SEÑOR
DEL BOSQUE

Maíz y grano, maíz y grano
Todo lo que cae crece de nuevo

En la creencia wiccana, el Dios brujo es el consorte y compañero amoroso de la Diosa. Es la semilla de toda vida y la regeneración de la fertilidad anual. Juntos crean el mundo natural que nos rodea, pues sin la fertilidad de la Diosa y el poder de la semilla del Dios, la vida dejaría de existir. Por tanto, ambos son esenciales para que cada primavera se renueve la vida, y es este sentido del equilibrio natural lo que los wiccanos honran. El Dios no está por encima de la Diosa, simplemente es su igual y opuesto.

El Dios presenta una dualidad en su interior. Así como la Diosa encarna los tres aspectos de Doncella, Madre y Anciana, el Dios encarna luz y oscuridad, verano e invierno, frío y calor. Es el espíritu del bosque y los árboles, el portador de la cosecha y el señor de la danza, y celebramos sus energías en los sabbats.

El Dios ama la diversión, la alegría, la chanza, la sexualidad y la emoción de la caza y la persecución.

Mientras que la Diosa es la madre de todos nosotros, el Dios es el padre de toda la vida. Es el poder del sol y la majestuosidad de las montañas y los bosques. Es el espíritu de la cosecha que cada año nos alimenta, en un ciclo sin fin. Al igual que ocurre con la Diosa, también al Dios se le conoce e invoca con muchos nombres diferentes: Apolo, Herne, Cernnunos, John Barleycorn, Jack in the Green, Wild Jack, Jack Frost, Rey Roble, Rey Acebo y Dios Cornudo. Una vez más, piensa en el Dios como si fuera un gran árbol con muchas hojas: cada una de ellas es una deidad, pero todas juntas forman un Gran Dios.

¿LOS HECHICEROS ADORAN AL DIABLO?

Sencillamente, no. El diablo es un concepto propio de la religión cristiana, y los hechiceros no son cristianos, sino paganos. Por tanto, no creemos en el diablo, ni en el mal y la anarquía que representa. Esta leyenda urbana tiene su origen en el hecho de que tanto el diablo cristiano como el Dios pagano tienen cuernos. De hecho, al dios wiccano se le llama a menudo el Dios Cornudo, porque en sus aspectos de Cernnunos y Hearne el Cazador, se le representa con cuernos que le salen de la frente. En otras representaciones lleva los cuernos enroscados de un carnero o un toro, pero en definitiva a menudo se le representa con algún tipo de cuernos. Estas imágenes aluden a su poder como Señor de todos los animales, pero no tienen ninguna connotación de maldad asociada al Dios Cornudo. Simplemente simboliza que está en sintonía con las aves y las bestias de la tierra, y como tal se le suele representar con pieles, plumas y un buen par de cuernos o astas.

DIOS SOL

Consorte de la Diosa Luna, el Dios está asociado con el Sol. Sus colores son el amarillo, el dorado y el naranja, y el brillo del mediodía y el apogeo del verano son sus momentos más poderosos. Los dos sabbats del solsticio, Litha y Yule, son celebraciones del Dios Sol. Así, en Litha (o pleno verano), honramos su poder y su fuerza en el día más largo del año, mientras que en Yule (o pleno invierno), honramos su regreso en la noche más larga, sabiendo que el calor del Dios crecerá y alargará de nuevo los días. Puedes honrar al Dios Sol en tu altar añadiendo un jarrón de girasoles o algunos cristales amarillos, como el citrino.

Invocar
el sol

E l ritual debe realizarse hacia el mediodía, cuando el sol está en su punto álgido, y en un sitio desde el que puedas ver claramente el sol, ya sea un jardín, un balcón o una ventana. Lleva contigo tu athame. No mires directamente al sol, pero dedica un rato a conectar con el poder del Dios Sol, sintiendo su calor en tu rostro.

Cuando estés preparado, levanta los brazos en señal de invocación, sosteniendo el athame de forma que parezca que su punta toca el sol, y pronunciando el siguiente conjuro:

Señor del Sol, de rayos brillantes

Invoco tu poder de crecimiento y luz

Atraigo hacia mí tus rayos de sol

Para iluminar mi camino a través de los caminos wiccanos

Dios sagrado de vibrante energía

Tomo tu fuerza, que así sea.

Vuelve a tu altar y utiliza la energía del sol para realizar cualquier hechizo o adivinación, y después disfruta del Cake and Ale que hayas elegido en un picnic al aire libre, disfrutando del calor del Dios Sol cerniéndose sobre ti. Da gracias por toda la magia que hay en tu vida y por todo lo bueno que está por venir. Presta atención a cualquier sueño que tengas después de atraer las energías del sol, ya que pueden ser señales de que el Dios tiene un mensaje especial para ti.

Cómo preparar
agua de sol

Puedes preparar agua de sol exactamente de la misma manera que preparaste agua de luna. Simplemente tienes que llenar una jarra o una botella con agua de manantial, taparla y dejarla al aire libre bajo la luz del sol durante la mayor parte del día. Asimismo, al agua de sol se le puede dar el mismo uso que al agua de luna, aunque con la ventaja de que proporciona un impulso de vibrante energía solar, por lo que es especialmente adecuada para regar plantas que están algo marchitas o para preparar infusiones y baños energizantes. No te olvides de etiquetar tu botella de agua solar y guardarla junto a tu altar.

EL SEÑOR DEL BOSQUE

El Dios wiccano está fuertemente vinculado con los bosques y los árboles. En este sentido, lo conocemos como el Señor del Bosque o el Hombre Verde, el espíritu del follaje con cara de hoja. A menudo podemos observar rostros en la corteza de los árboles: es el espíritu del Dios del Bosque escrutándonos. Puedes crear calcos de corteza para llevar a casa su energía y utilizarlos para decorar tu espacio mágico.

Como espíritu del follaje, el Hombre Verde va cambiando según las estaciones: en pleno verano se muestra verde y vivaz, mientras que en otoño e invierno adopta colores bronce y oro, antes de volverse cobrizo y sin hojas. Este cambio en el poder entre verano e invierno se suele representar como un simulacro de batalla entre los Reyes Roble y Acebo, normalmente durante las celebraciones sabbat de Ostara y Mabon, o los equinoccios de primavera y otoño.

En el equinoccio de primavera, el Rey Roble gana la batalla y durante la mitad más clara del año preside el *reverdecer del bosque*. En el equinoccio de otoño, se cambian las tornas y vence el Rey Acebo, regalándonos la magia de los árboles dorados del otoño, seguidos de las ramas desnudas ribeteadas de escarcha y los árboles de hoja perenne del invierno. Hay otra versión de esta historia en la tradición, según la cual la lucha es entre Jack in the Green y Jack Frost, pero el fondo de la historia es el mismo (la referencia a los cambios estacionales). Puedes honrar esta historia colocando hojas de roble o acebo en tu altar en cada equinoccio.

Ritual de conexión con el bosque

El ritual de conexión con el bosque te ayudará cuando te sientas ansioso o abrumado, en esos momentos en los que necesitas alejarte del estrés y el ajetreo diario y sintonizar con la divinidad para sanar cualquier desequilibrio que te esté afectando. Los rituales de enraizamiento sirven para eliminar el exceso de energía negativa y canalizarla hacia la tierra, donde puede utilizarse positivamente para el crecimiento. Para este ritual necesitarás la ayuda de un árbol, a ser posible un roble o un acebo, aunque cualquier tipo de árbol te servirá. Elige uno que sea grande y fuerte y que parezca sano.

Cuando encuentres el árbol, siéntate y apóyate en su tronco. Respira hondo varias veces. Piensa en todas las cosas que te agobian. Apoya la cabeza en el árbol y mira la maraña de ramas que se extiende por encima de ti, igual de extensamente que las raíces bajo el suelo. Imagina que el árbol y tú os fundís en un solo ser. Visualiza cómo las raíces crecen desde la base de tu columna hacia el suelo y se entremezclan con las del árbol. Siente cómo tu columna se funde con el tronco y utiliza las manos para sentir cómo las raíces se elevan a tu alrededor. Imagina que toda la energía negativa fluye desde ti hacia la tierra y el árbol, y mientras lo haces, di:

Poderes de la tierra en los que creo

Transformad la materia oscura en hermosos árboles

Tomando la energía que no necesito

Que sirva al árbol en este suelo.

Disfruta de la comunión con el Dios del Bosque y quédate con el árbol todo el tiempo que quieras. Cuando estés listo, da las gracias y vuelve a casa, sabiendo que has dejado toda la energía oscura en tierra, con el Dios, donde puede transformarse en crecimiento positivo.

Ofrecer una libación

Una libación es una práctica wiccana tradicional, que consiste, básicamente, en dejar en un lugar silvestre una ofrenda de comida, bebida o una pequeña muestra al Señor y a la Señora. En este caso, vas a ofrecer una libación de sidra o cerveza a un árbol al que tengas cariño.

Lleva tu lata de sidra hasta tu árbol favorito y ábrela. Apóyala un momento en el suelo y, a continuación, coloca ambas manos sobre el tronco del árbol. Utiliza tu mente para conectar con el Señor del Bosque. Imagínatelo de pie, orgulloso, con los cuernos estirados por encima de la cabeza, fundiéndose con las ramas del árbol. Una vez lo visualices claramente en tu mente, coge la lata de sidra, bebe un sorbo y empieza a escanciar el resto de la sidra alrededor de las raíces del árbol, diciendo mientras tanto:

Señor del Bosque, Rey de los Árboles

Ofrezco esta libación, para saciar tu sed

Toma esta ofrenda, entregada libremente

Úsala para prosperar, que así sea.

Y cuando hayas acabado de vaciar la lata de sidra alrededor de las raíces del árbol, di:

Brillantes bendiciones para este árbol y todos los
que viven en él.

Puedes realizar este ritual siempre que quieras devolver algo a la deidad. Por ejemplo, si has estado cogiendo ingredientes para hechizos en la naturaleza, es una buena forma de mantener el equilibrio devolviéndole algo. También puedes utilizar este ritual con un árbol de tu jardín para ayudarle a prosperar y sobrevivir.

Capítulo
Seis

LA RUEDA DEL AÑO

La Wicca es una gran práctica para celebrar; una espiritualidad llena de alegría y reverencia festiva por todos los cambios estacionales de nuestro mundo. Desde el apogeo del sol de pleno verano hasta la noche más oscura y fría del invierno, los wiccanos lo celebran todo. Además de los rituales bimensuales del esbat, los wiccanos también tienen ocho celebraciones estacionales, llamadas sabbats, espaciadas a lo largo del año y que normalmente hacen referencia a algún tipo de período de transición, marcan-

do el paso de una estación a la siguiente. Cada sabbat se celebra, según la tradición, desde la puesta de sol de un día hasta la puesta de sol del día siguiente. Cada una de las cuatro estaciones contiene dos sabbats, lo que hace un total de ocho. En conjunto, estos sabbats se conocen como la Rueda del Año.

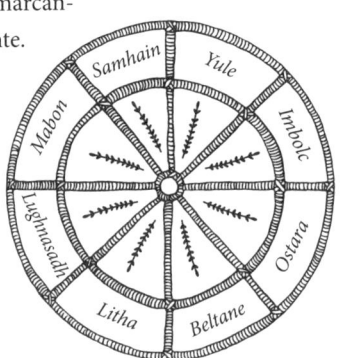

SAMHAIN
HEMISFERIO NORTE: 31 DE OCTUBRE / HEMISFERIO SUR: 1 DE MAYO

Empecemos por Samhain, más conocido como Halloween entre los no hechiceros, ya que era el final del antiguo año celta. Samhain significa el *final del verano* y tradicionalmente representaba la cosecha de sangre (el momento en que se sacrificaba el ganado para obtener carne para los meses más fríos). Este primer fragmento de la Rueda del Año se considera el Año Nuevo de los hechiceros, un momento del año para reflexionar sobre todo lo que nos han brindado los últimos doce meses. Durante el sabbat de Samhain nos desprendemos de todo lo que ya no nos sirve, ya sea una relación, un trabajo o un hábito negativo. Dejar ir forma parte del proceso de crecimiento y no hay que verlo como algo negativo. Al contrario: la vida tiene que continuar y el Samhain es un buen momento para honrar esas cosas que una vez te sirvieron, pero que ya no necesitas en tu vida.

Tienes que decorar tu altar con colores otoñales, calabazas o nabos tallados y poner un caldero en el centro, que representa la transformación, así que escribe en trozos de papel las cosas que debes eliminar en tu vida y quémalos. Entrégalas al sabbat de Samhain y sigue adelante con tu vida.

Samhain es también el sabbat de los antepasados, cuando conectamos con nuestros muertos y seres queridos fallecidos. Se dice que en esta época del año el velo entre el reino de los vivos y el de los muertos se diluye, y eso permite que los muertos puedan visitarnos durante un tiempo, de ahí el ambiente tan espeluznante de Halloween. Los wiccanos encienden velas para guiar a los antepasados en su viaje y éste es el origen de tallar calabazas y nabos y encender una vela en su interior. Colocar en el altar una foto de tus familiares fallecidos honrará esta tradición de dar la bienvenida a los antepasados en el sabbat. Para ello, una vez tengas decorado tu altar en la noche de Samhain, enciende las velas y da la bienvenida al espíritu del sabbat con este conjuro:

Estación de nieblas y noches sombrías

De llamadas ancestrales y luces de calabaza

Doy la bienvenida a Samhain, este tiempo de la Anciana

Doy la bienvenida a mis seres queridos más allá
de la carne y el hueso

Arrojo mis penas a la llama

Mi espíritu limpio y renovado de nuevo.

Escribe todas las cosas de las que deseas desprenderte en trozos de papel, préndeles fuego uno a uno con las velas del altar y échalos al caldero para que ardan de forma segura.

YULE
HEMISFERIO NORTE: HACIA EL 21 DE DICIEMBRE / HEMISFERIO SUR: HACIA EL 21 DE JUNIO

Yuletide es probablemente uno de los sabbats más felices y es el precursor de la Navidad cristiana, de modo que muchas tradiciones guardan similitud, y por ello las celebraciones paganas pueden incorporarse fácilmente a las festividades invernales. En el Yule celebramos el solsticio de invierno, así que la fecha puede variar, pero suele ser alrededor del 21 de diciembre en el hemisferio norte y del 21 de junio en el hemisferio sur. Es el sabbat de la noche más larga, con más de doce horas de oscuridad. Para aliviar esta oscuridad, llenamos la casa de luces –velas, antorchas, farolillos…– que representan la luz del Dios Sol, que renace en el solsticio de invierno, trayéndonos días más largos y cálidos.

En el hemisferio norte existe desde hace siglos una fiesta de invierno que conmemora la parte más profunda del invierno. La gente espera con paciencia e ilusión esta fiesta, que constituye una buena excusa para disfrutar de comida y bebida caliente para sacudirse el frío. Es tradición llevar hojas perennes a casa para recordar que la vida se renovará en primavera. Las rodajas de naranja secas también se utilizan para dar la bienvenida al regreso del sol en la noche más oscura, así que las puedes usar como decoración en tu altar junto con un poco de acebo para el Rey Acebo que gobierna el bosque invernal. Durante todo el mes de diciembre abundan los adornos de reno, y puedes colocar uno o dos en tu altar para representar al Dios Cornudo.

En este sabbat los wiccanos se detienen a pensar qué es lo que quieren que les deparen los meses siguientes. Por tanto, el Yule es un gran momento para plantar semillas espirituales, fijar objetivos y centrarse en lo que uno quiere conseguir en el año que comienza. Las semillas que plantemos en el Yule se materializarán, normalmente, entre mediados del verano y el otoño del año siguiente, así que decide ahora cómo quieres que sea tu vida dentro de seis meses. Puedes escribir tus objetivos en cualquier sitio, ya sea en la portada de tu nueva agenda o en el Libro de las Sombras, pero sobre todo asegúrate de que aprovechas al máximo tu energía navideña y te fijas al menos un objetivo. Después enciende unas velas y da la bienvenida al espíritu de Yule con este conjuro, tradicionalmente al amanecer:

En medio de la profunda oscuridad, la luz se expande

¡Bendito sea, el Dios Sol está aquí!

En la profunda oscuridad, nuevas semillas plantadas

Bendita sea la luz, está aquí

En la profunda y ardiente oscuridad

¡Bendito sea el Sol que brilla así!

IMBOLC
HEMISFERIO NORTE: 2 DE FEBRERO / HEMISFERIO SUR: 1 DE AGOSTO

Imbolc es el sabbat de la luz, cuando empezamos a notar que los días se alargan y los primeros copos de nieve asoman entre el hielo que se derrite. Antiguamente esta fiesta se conocía como la Candelaria, porque la Iglesia regalaba velas benditas a los pobres. Los wiccanos aún siguen honrando esta tradición limpiando sus velas y ahumándolas con incienso para bendecirlas y prepararlas para crear hechizos. Es una tradición anual realizada en el Imbolc por la gran mayoría de hechiceros.

El Imbolc es un momento ideal para hacer hechizos y magia con velas y adivinación con cera, consistente en dejar caer cera caliente en un cuenco de agua fría e interpretar las formas que se forman. En este sabbat honramos el tiempo de la Diosa Doncella, así que tienes que decorar tu altar con colores blancos y plateados. También es un buen momento para empezar la limpieza de primavera, ya que en el Imbolc se suelen realizar limpiezas mágicas, aunque el acontecimiento principal tiene lugar al anochecer, cuando se debe iluminar la casa solamente con velas durante las horas de oscuridad antes de irse a dormir. También es momento de cultivar las semillas plantadas en el Yule, haciendo algo para apoyar el objetivo que te marcaste, por ejemplo solicitando un nuevo trabajo, escribiendo un capítulo de una nueva novela, etc. Pero asegúrate de cuidar estas semillas cuando Imbolc traiga días más largos y cálidos. Abraza el espíritu de Imbolc con el siguiente conjuro:

Espíritu de Imbolc, festival de llamas

Trae regalos de luz, ahora que cae la oscuridad

Cultiva las semillas sembradas

Ilumina y calienta nuestro sagrado hogar

Portador del sol, derrite la escarcha

Recuérdanos que con trabajo duro nuestros sueños
no están perdidos.

OSTARA
HEMISFERIO NORTE: HACIA EL 21 DE MARZO / HEMISFERIO SUR: HACIA EL 21 DE SEPTIEMBRE

Ostara es la época del equinoccio de primavera (por lo que la fecha varía de un año a otro), cuando las horas de luz y oscuridad son iguales, pero a partir de ahora el sol será más fuerte y los días más largos. En este momento, los Reyes Acebo y Roble se desafían, resultando victorioso en esta ocasión el Rey Roble, que trae consigo la mitad más luminosa del año. Puedes representar su victoria colocando hojas de roble en tu altar.

Ostara es un sabbat de fertilidad, así que es una ocasión ideal para celebrar la llegada de nuevos hijos, nuevas empresas o una nueva relación, o para lanzar hechizos que te traigan estas cosas. Es el momento del despertar de la tierra, de los primeros signos de la primavera. Por tanto, decora tu altar con símbolos de fertilidad como huevos pintados, flores frescas y liebres, que son sagrados para la Diosa, y da la bienvenida al espíritu de Ostara con este hechizo:

Doy la bienvenida a la aceleración en la tierra

Doy la bienvenida al verdor del bosque

Doy la bienvenida a la fertilidad y al renacimiento

Doy la bienvenida a Ostara y a todas sus posesiones

Saludo a la primavera, tiempo de nueva vida

Saludo a la Doncella, esposa mágica de Wode

Saludo al verdor, al nacimiento de los árboles

Saludo al Hombre Verde en cada hoja que se abre.

BELTANE
HEMISFERIO NORTE: 30 DE ABRIL / HEMISFERIO SUR: 31 DE OCTUBRE

También conocido como la Víspera de Mayo, Beltane es otro sabbat de la fertilidad, que normalmente asociamos con el aspecto Madre de la Diosa. Según la tradición, es la época de la Reina de Mayo, época en la que las festividades incluyen una procesión en honor de la Diosa de la primavera. Beltane es también el periodo tradicional de las bodas paganas. Durante las celebraciones públicas de primavera, se baila alrededor de los árboles de mayo y se encienden hogueras para ahuyentar los últimos signos de la estación oscura. Antiguamente, los animales de granja eran conducidos entre dos hogueras para purificarlos

y bendecirlos, y así se aseguraban tener un rebaño sano durante todo el año.

No hay mejor sabbat para la magia amorosa que Beltane, ya que es la fiesta del amor, la fertilidad, la fidelidad y la sexualidad. Tradicionalmente, las parejas jóvenes salían a pasear *al amanecer* de este sabbat, trayendo de vuelta ramas de espino o flores de mayo, y pronto se celebraron muchas bodas.

Decora tu altar con flores de mayo y flores de primavera. También puedes hacer tu propio árbol de mayo en miniatura con un palo, y colocarlo en tu altar. Prepara los hechizos de amor que quieras realizar y da la bienvenida al sabbat con el siguiente hechizo:

Temporada de crecimiento, de amantes entrelazados

Doy la bienvenida a Beltane, nuevas bendiciones por encontrar

De cintas trenzadas y hogueras ardientes

Doy la bienvenida a esta estación en nombre de la Señora

Doy la bienvenida al Señor, con su abundante semilla

Que el Señor y la Señora provean a mis necesidades.

LITHA
HEMISFERIO NORTE: HACIA EL 21 DE JUNIO / HEMISFERIO SUR: HACIA EL 21 DE DICIEMBRE

Litha es el solsticio de verano, por lo que tiene lugar el día más largo del año, que suele ser alrededor del 21 de junio en el hemisferio norte y del 21 de diciembre en el hemisferio sur. Es el momento en que el sol está alto en el cielo, el Dios está en su máximo esplendor y el bosque está exuberante de verde y crecimiento: el mundo entra en su fase más abundante del año. Todas las semillas que se plantaron en la oscuridad están ahora dando sus frutos. A partir de ahora, los días se acortarán gradualmente y las noches se alargarán, pero por el momento centrémonos en honrar el poder del sol y del Gran Dios en toda su abundante gloria.

Decora tu altar con amarillo y dorado, y añade adornos en forma de sol para representar al Dios Sol, o jarrones con flores veraniegas. Es el momento de aprovechar al máximo los días largos, porque pronto llegará el otoño. Abraza el espíritu de Litha con este hechizo:

Levántate, levántate

Que el sol te ilumine

Quema, quema

Deja que el calor te invada

Brilla, brilla

A la luz del sol dorado

Resplandece, resplandece

En las brasas se hace magia.

LUGHNASADH
HEMISFERIO NORTE: 1 DE AGOSTO / HEMISFERIO SUR: 1 DE FEBRERO

Así como el sabbat de Litha celebra el poder del Dios Sol, Lughnasadh, el sabbat de la cosecha de maíz, marca su muerte. Es el sabbat del sacrificio, de John Barleycorn, cuando el dios pagano, ahora deidad de la cosecha de maíz y trigo, es abatido para alimentar a su pueblo. En esta etapa, el Dios pasa al Más Allá y se convierte en el Señor de la Muerte durante un tiempo, antes de renacer en el solsticio de invierno. En este sabbat, honramos su sacrificio y su muerte comiendo productos horneados, especialmente pan. De hecho, una de las tradiciones de esta época es hornear pan con forma de hombre, y luego, con el athame, se le corta la cabeza, en representación del sacrificio del Dios. La cabeza se entrega a la tierra en señal de ofrenda y el resto del hombrecillo debe disfrutarse como parte de la celebración del sabbat. Aunque se conmemore un sacrificio, no debemos pensar que es un sabbat triste, sino una celebración de la cosecha bajo la creencia de que para que algo viva y florezca, otra cosa debe morir: se corta el grano, para con ello hacer pan, y así alimentar al pueblo.

Para el sabbat de Lughnasadh, decora tu altar con los regalos de la cosecha: maíz, trigo, cebada, amapolas, hogazas de pan, etc. Da gracias por todo lo que has cosechado en tu vida durante este año, ya sea una nueva titulación, un nuevo amor o un nuevo hijo. A continuación, realiza el ritual del sacrificio, entregando la cabeza del hombre de pan a la tierra como ofrenda, y luego da la bienvenida al espíritu del sabbat de la cosecha con este encantamiento:

Maíz y grano, maíz y grano

Todo lo que cae crece de nuevo

Hojas y árboles, hojas y árboles

Renovación abundante

Maíz y grano, maíz y grano

Todo lo que cae crece de nuevo

Córtame, córtame

¡Estoy esperando mi momento para volver a crecer!

MABON
HEMISFERIO NORTE: HACIA EL 21 DE SEPTIEMBRE / HEMISFERIO SUR: HACIA EL 21 DE MARZO

Mabon es la época de la cosecha de frutos y del equinoccio de otoño, cuando la luz y la oscuridad vuelven a igualarse. En esta ocasión es el Rey Acebo el que gana la batalla, convirtiéndose en el símbolo verde de la vida en una época de oscuridad y decadencia. A partir de este momento, las noches se harán más largas y el tiempo mucho más frío, ya que el sol pierde su fuerza. Es el periodo de la diosa Anciana, en el que las hojas caen de los árboles, tejiendo un tapiz de hojas dorado en el suelo, y sus ramas se cubrirán de escarcha y nieve.

Mabon es una estación caracterizada por la niebla y las nubes grises, en la que la tierra se sume en un silencio solo roto por el sonido de los cuervos, especialmente activos en el cuidado de sus nidos durante el otoño, ya que muchos no emigran para pasar el invierno. Se dice que los cuervos son los pájaros mensajeros de los dioses, por lo que los paganos creen que es una bendición tenerlos en el jardín.

Decora tu altar para este sabbat con hojas de otoño, plumas de cuervo desprendidas de forma natural, un jarrón con ramitas y fruta de huerto como manzanas, peras y bayas. Es una época de preparación para los meses más fríos del invierno y a muchos hechiceros les gusta llenar sus armarios mágicos con hierbas secas, velas, incienso y aceites esenciales. Mabon da comienzo a una temporada fantasmagórica y, a medida que se acercan las noches, es un buen momento para empezar a aprender una nueva manualidad o habilidad mágica, o para trabajar en tu Libro de las Sombras. Da la bienvenida a Mabon con el siguiente hechizo:

Espíritu de Mabon, de cuervos en vuelo

Espíritu del otoño y la noche que se alarga

Tiempo de sombras oscuras, de nieblas grises arremolinadas

Tiempo de cosecha, de los dones de la naturaleza

Tiempo de autoaprendizaje, de caminos escolásticos

Mientras las noches abrazan la rendición de los días

Honro la muerte de la luz de este año

Y doy la bienvenida a la oscuridad que se acerca.

Ahora ya tienes los conocimientos necesarios para celebrar la Rueda del Año y continuar tu viaje mágico como wiccano. Disfruta de los sabbats y aprende a abrazar todo lo que cada estación te ofrece.

Capítulo
Siete

INVOCAR
EL AMOR

Cuando pensamos en la hechicería, solemos pensar en hechizos de amor. El amor es la emoción más poderosa de todas. Puede levantarte el ánimo cuando las cosas van bien, o deprimirte cuando te rompen el corazón, pero es una constante en nuestras vidas: ¡o lo tenemos, o lo estamos buscando, o nos estamos recuperando de él!

Los hechiceros utilizamos magia de amor para mejorar nuestras relaciones o nuestras posibilidades de tener una relación, para conocer gente nueva, para hacernos notar o para curarnos de una mala experiencia. La magia de amor ayuda sobre todo a conectar más profundamente con nuestro propio corazón, ya que solo así podrás conectar plenamente con otra persona. Esta magia te puede ayudar a escuchar a tu corazón y a seguirlo más libremente, sin dejarte atenazar por el miedo: esto es crucial si quieres superar un amor perdido. A su vez, la magia de amor inversa también puede liberarte de atenciones no deseadas y pasar desapercibido, si así lo deseas.

Como humanos, somos todos muy diferentes, pero todos hemos nacido para amar y ser amados. Siempre habrá gente en el mundo, así que siempre habrá múltiples parejas potenciales entre las que elegir. Nadie tiene por qué sentirse invisible cuando tiene la magia del amor de su parte.

ÉTICA DE LA MAGIA DE AMOR

La magia de amor se rige por una regla muy simple, que se remonta a la regla de "No hacer daño" que ya hemos comentado: no puedes lanzar hechizos para intentar que alguien te ame. El amor existe o no existe, y aunque la magia del amor puede alimentar la semilla del interés en una relación, no puede inventar un amor que no existe. Lo que sí puedes hacer es lanzar hechizos de amor a tu alrededor para *volverte más* magnético y atractivo, ampliando así el abanico de posibles parejas entre las que elegir.

CORRESPONDENCIAS MÁGICAS

Cualquier herramienta que utilices en la creación de hechizos se llama correspondencia. Hay correspondencias para todos los diferentes tipos de magia, y necesitarás saber cuáles son cuando empieces a crear tus propios hechizos. En este listado encontrarás las correspondencias para la magia de amor.

Colores: rojo, rosa, lila, blanco

Cristales: cornalina, cuarzo rosa, rubí, diamante, citrino

Plantas: rosa, romero, peonía, lavanda, lila, flor de saúco, mirto, hiedra

Aceites: rosa, geranio, ylang ylang, lavanda, neroli

Incienso: rosa, fresa, ylang ylang, reina de la noche, sándalo

Ritual wiccano de la Copa de la Bendición

¿Alguna vez te ha pasado que quieres ayudar a alguien que está pasando por un mal momento, pero no sabes cómo? ¿Por qué no pruebas con el ritual de la Copa de la Bendición? A muchos wiccanos les gusta utilizar una Copa de la Bendición en su magia para enviar bendiciones de amor y luz a quienes más lo necesitan. Es un cáliz en el que metemos los nombres de las personas a las que queremos ayudar enviándoles pensamientos positivos y bendiciones. No hay que confundir este cáliz con el cáliz del altar, que como ya hemos dicho se utiliza para contener vino ritual o para representar el elemento agua.

Puedes usar como Copa de la Bendición cualquier tipo de recipiente, y una vez lo tengas decidido, la noche de luna llena enciende una varita de incienso reina de la noche y pasa tu Copa por el humo varias veces para purificarla. A continuación, rocía la Copa con un poco de agua de manantial y pronuncia el siguiente conjuro para imbuir a la Copa de su nuevo propósito:

Temerosas bendiciones llenan esta copa

Bendiciones para los nombres de su interior

Envía magia de luz para iluminarlos

Que comience la magia de la curación.

Ya sabes, siempre que quieras enviar bendiciones mágicas a alguien, esté donde esté, simplemente escribe su nombre en un trozo de papel, dóblalo, bésalo con cariño y déjalo caer en la Copa de las Bendiciones. Deja allí los nombres hasta que las bendiciones se manifiesten en sus vidas, momento en el cual debes quemar el trozo de papel con agradecimiento. Mantén tu Copa de las Bendiciones a buen recaudo, lista para otorgar tu magia a quienes más la necesitan. Bendiciones de luz.

Ritual de la escucha del corazón

En el ajetreado mundo en el que vivimos, a menudo nos olvidamos de escuchar lo que nos dice nuestro corazón. ¿Cuándo fue la última vez que te paraste a conectar con lo que realmente quiere tu corazón? Puede que estés teniendo mil citas, pero que tengas el corazón roto y necesites sanar, o puede que sea al revés, ¡que tu corazón quiera volver a amar pero tu cabeza no le deje!

Siéntate en silencio con un cuaderno y un bolígrafo y descubre lo que tu corazón te pide. Imagina que tu corazón es un pajarito encerrado en una jaula (la cavidad torácica). ¿Qué aspecto tiene el pajarito? ¿Fuerte, frágil, tímido, coqueto? Conversa con él y averigua qué es lo que necesita de ti, y ve escribiendo. ¿Quiere volar libre, pero le estás cortando las alas? ¿Tiene las alas rotas y necesita tiempo para recuperarse?

Escríbelo todo y confía en lo que escribes. Tu subconsciente te está transmitiendo lo que realmente necesitas, no lo que tú crees que necesitas. Cuando termines tu conversación con el pajarito, lee lo que has escrito. Es el manifiesto de los deseos de tu corazón. Guárdalo a buen recaudo en tu Libro de las Sombras e intenta vivir de acuerdo con él, dándole a tu corazón lo que necesita.

Hechizo para invocar a un amante

Si te sientes solo y ya estás preparado para tener un nuevo amor en tu vida, realiza este hechizo la noche de luna llena para atraer a alguien nuevo a tu vida. Unge una vela roja con aceite perfumado de rosas y colócala en el centro de tu altar, poniendo el caldero frente a ella. Ahora piensa en todo lo que deseas en una nueva pareja y escribe las cualidades que quieres que tenga esa persona: bondad, lealtad, pasión…. Una vez tengas el listado de cualidades ideales, enrolla el papel, enciéndelo en la llama de la vela y déjalo arder en el caldero. Mientras arde, recita el siguiente canto nueve veces:

Por tierra, por viento, por mar

Invoco a un amante para que venga a mí

Con la llama ardiente y la súplica del hechicero

Invoco a un amante para que venga a mí.

Deja que la vela roja arda de forma natural. Al día siguiente, esparce las cenizas del caldero fuera, dejando que el aire se las lleve. Busca a tu nueva persona. Para reforzar este hechizo, crea un talismán de amor como te mostramos a continuación.

Crear un talismán de amor

En un día de luna llena, coge un trozo de papel cuadrado de unos 9x9 cm y dibuja en él un círculo con un corazón de amor dentro, utilizando un bolígrafo rojo. En el interior del corazón escribe tu nombre, y alrededor del círculo escribe las palabras *Love, Amour, Amore*, ("*amor*" en inglés, francés e italiano), o en los idiomas que prefieras.

A continuación, coloca tres pétalos de rosa roja y tres pétalos de rosa rosa en el centro del corazón, y añade una pizca de lavanda seca, tres pequeños fragmentos de cristal de cuarzo rosa y un mechón de tu propio pelo. Pon las manos con las palmas hacia abajo sobre el amuleto y di:

El amor es infinito y libre

Viene a mí todos los días

El amor está conmigo, el amor es para mí

Deja que quien me adora

En perfecto amor, ¡venga hacia mí!

Ahora dobla las cuatro esquinas del papel hacia dentro, teniendo cuidado con los pétalos y los cristales para que queden dentro del cuadrado de papel. A continuación, sella las esquinas virtiendo cera roja sobre ellas para unir el amuleto. Finalmente, átalo con una cinta rosa o roja y llévalo contigo como imán del amor; ya verás cómo cada día te llegará más y más amor.

Hechizo para una relación armoniosa

Todas las relaciones pasan por momentos difíciles, incluso las más fuertes. Si crees que tu pareja y tú no os estáis entendiendo o habéis tenido un desacuerdo, lanza este hechizo para restaurar la armonía en vuestra relación. Para ello, toma dos velas lilas y graba tu nombre en una y el nombre de tu pareja en la otra. Unge ambas velas con aceite de lavanda para sanar lo que se ha roto entre vosotros, enciéndelas y recita este conjuro nueve veces:

Dos velas con nuestros nombres

Restauran la paz dentro de estas llamas

Renuevan la calma, renuevan la confianza

La discordia arde en cenizas y polvo

A partir de hoy, todo será

Calma y serenidad entre nosotros.

Deja que las velas ardan otros diez minutos y apágalas. Utiliza las velas en la cena y disfruta de una agradable cena romántica con tu pareja.

Hechizo para romper lazos

Cuando una relación termina, los hechiceros suelen cortar los lazos con su ex pareja con un ritual especial para romper lazos. Esto no significa que le desees el mal, todo lo contrario, simplemente estamos dejando ir a esa persona para poder seguir adelante con nuestras vidas. No hay nada peor que sentirse todavía unido a un ex cuando sabes que no tenéis futuro como pareja. Cortar los lazos entre vosotros es un acto de magia y os libera a ambas partes, permitiéndoos seguir adelante.

Si estás atravesando una ruptura, tienes un admirador no deseado o sufres las penas de un amor no correspondido, este ritual te ayudará a liberarte del dolor de ese amor no predestinado.

Este hechizo hay que hacerlo durante la luna menguante; verás que a medida que la luna disminuye, la influencia de tu ex en tu vida también lo hace. Coge dos velas, una roja y otra negra. Graba tu nombre en la vela roja y el de tu ex en la negra. Derrite el fondo de cada vela y colócalas en una bandeja metálica, asegurándolas con la cera derretida, a unos 5 cm de distancia. A continuación, ata con cuidado un lazo de cordel alrededor de ambas velas en forma de ocho, a unos 2 cm de la parte superior, y átalo con fuerza, teniendo cuidado de no juntar las velas ni dejarlas caer. Una vez que el cordel esté en su sitio, enciende ambas velas y pronuncia tres veces el siguiente conjuro:

Corto las cuerdas que nos ataban

Corto los lazos entre tú y yo

Este amor se acabó, no está predestinado

Te dejo ir y te libero

Así como la llama arde brillantemente cortando
nuestros lazos

Sigamos con vidas separadas.

Ahora enciende ambas velas y deja que ardan. Cuando la llama alcance la cuerda, romperá el vínculo entre tú y tu ex. Puede que te parezca un hechizo bastante dramático, y debe realizarse en un lugar seguro. No te asustes cuando la cuerda se encienda, deja que se queme sola y obsérvala cuidadosamente, viendo cómo las velas se consumen solas y sabiendo que te has liberado mágicamente de un amor que se ha vuelto tóxico o que no era para ti. Hay alguien ahí fuera que sí que lo es, ten fe en que lo encontrarás.

Capítulo
Ocho

INVOCAR LA PROSPERIDAD

La magia de la prosperidad es muy popular entre los hechiceros porque ayuda a aprovechar la abundancia del mundo natural. Dar un toque de magia a tus finanzas es una forma estupenda de aumentar tus ahorros, salir de deudas o ganar más dinero en tu trabajo. La tierra es un lugar de abundancia y puedes atraer más abundancia a tu vida utilizando un poco de magia de prosperidad. Simplemente necesitas tener amor y confianza por el universo, que proveerá para ti y tu familia.

ÉTICA DE LA MAGIA DE PROSPERIDAD

Para atraer la abundancia a tu vida, debes realizar hechizos de prosperidad regularmente, por ejemplo una vez al mes. Esto te ayudará a superar los periodos de escasez, manteniendo un flujo constante de dinero y bienes materiales. Como el dinero puede proceder de un acontecimiento negativo, como un accidente o una muerte, los hechiceros siempre añaden una advertencia a sus hechizos de prosperidad: el dinero debe proceder de un lugar positivo. Es por eso que al final de todos los hechizos, decimos:

Esta prosperidad proviene del amor y la luz

Llega con alegría y no trae ruina.

La prosperidad siempre vendrá a ti por la vía más fácil, en forma de aumento de sueldo en el trabajo o de descuento en una factura que has pagado de más. O puede que te den un nuevo trabajo con un sueldo mejor o la oportunidad de tener una segunda fuente de ingresos. Rara vez la magia de la prosperidad se traduce en un premio gordo de la lotería, pero es posible que tu golpe de suerte se manifieste de otras maneras. Además, ten en cuenta que la prosperidad no significa simplemente dinero, sino también bienes materiales, servicios básicos como comida, luz y calefacción, y experiencias como vacaciones, así que es posible que en lugar de recibir dinero, recibas un regalo.

CORRESPONDENCIAS MÁGICAS PARA LA PROSPERIDAD

Aquí tienes las correspondencias para la magia de prosperidad.

Colores: verde, dorado, plateado y blanco

Cristales: aventurina, jade, pirita ferruginosa, cuarzo claro

Plantas: albahaca, laurel, canela, hojas de té, salvia, menta, girasol

Aceites: pachulí, incienso, girasol, colza

Incienso: canela, olíbano, reina de la noche, pachulí, sangre de dragón

Cómo hacer
un tarro de la prosperidad

L os tarros hechizados son una forma popular de magia, y actúan como un imán para atraer algo en concreto hacia ti (en este caso, la prosperidad). Necesitarás un tarro pequeño con tapa o corcho. Lo primero que tienes que hacer es encender una ramita de incienso de canela y colocar el extremo encendido en el tarro, dejando que se llene de humo. Esto limpia el tarro y lo prepara para la magia. A continuación, llena el tarro con los siguientes ingredientes, por capas: sal, menta seca, canela molida, albahaca seca y té de hojas. Ve repitiendo las capas hasta que el tarro se llene, y entonces tápalo y séllalo con la cera de una vela verde o dorada. Guarda este tarro de la prosperidad en tu altar.

Hechizo para mantener próspero tu hogar

Atraer la prosperidad a tu hogar te ayudará a mantener bajo control las facturas y gastos domésticos y a que no falte comida en los armarios. Empieza a visualizar tu hogar como un lugar de alegría y abundancia, porque cuanta más preocupación tengas por las facturas o la compra, más atraerás la pobreza, ¡y eso es justamente lo que no queremos!

Visualiza tu hogar como una fuente de confort y alegría, un lugar cálido y acogedor, con comida en abundancia y cuyos habitantes prosperan. Visualiza la abundancia en sus múltiples formas: un jardín lleno de flores, un frutero rebosante, o ventanas que brillan con luz y calor en los meses de invierno. Mantén estas imágenes en tu mente el mayor tiempo posible y visualízalas todos los días.

Cuando haya luna nueva, coge tantas hojas de laurel secas como ventanas y puertas haya en tu casa. Colócalas sobre el pentáculo y mantén tus manos sobre ellas mientras dices:

Cargo y bendigo estas hojas de riqueza

Que traigan salud financiera.

Deja que las hojas se carguen hasta la luna llena, luego úntalas con una gota de aceite de pachulí antes de colocar una hoja en cada ventana y puerta utilizando chinchetas doradas, que representan el sol. Mientras haces esto por toda la casa, repite este cántico:

Hojas de riqueza, la abundancia traen

La prosperidad hace cantar a este hogar feliz

Luz y calor, combustible y alimentos

Todo brilla y todo es bueno

Bendice esta casa con prosperidad

Por mi magia, así será.

Conserva las hojas durante todo un año, luego repite el hechizo con hojas nuevas y quema las viejas en el caldero, dando gracias.

Hechizo para un año de bendiciones

Si queremos tener un año repleto de bendiciones, coge 12 velas de cumpleaños y sus portavelas, una por cada mes del año. Colócalas a la luz de la luna llena y después a la luz de los rayos del sol del mediodía. Colócalas en una bolsa verde y presiónala contra tu corazón mientras dices:

Velas de llama potencial

Traed bendiciones de luz en nombre de la hechicería

Una bendición lejana se acerca

Y me mantiene alegre todo el año

Bendiciones más allá de todo lo que me atrevo a soñar

Están en camino, vienen hacia mí

Mientras cada pequeña llama arde con brillo

Mi vida se llena de amor y luz

Que así sea.

El primer día de cada mes, enciende una de las velas de cumpleaños y déjala arder para que traiga sus bendiciones. Este hechizo puede realizarse en cualquier momento del año, aunque es más efectivo si lo realizas durante Samhain o Yule.

Hechizo tradicional del dinero

A veces nos hace falta un dinero extra para hacer frente a la reparación del coche o a una factura inesperadamente cara, o simplemente para permitirnos unas merecidas vacaciones. Con este hechizo tradicional, los hechiceros invocan el dinero. Realízalo al mediodía y durante la fase creciente de la luna, aprovechando así los poderes del sol y la luna. Para realizarlo, coge una vela dorada o verde e indica en ella la cantidad de dinero que necesites; pide siempre un poco más de lo estrictamente necesario, para poder cubrir cualquier gasto imprevisto. A continuación, unge la vela con aceite de girasol y rodéala con seis monedas de plata. Enciéndela y repite este conjuro nueve veces:

Dinero para mí, dinero gratis

El dinero viene hacia mí

El dinero crece, el dinero fluye

El dinero llega a quien sabe

Amuletos para el dinero

El dinero es mío, sin daño

Pido dinero y prosperidad

Como yo quiera, así será.

Deja que la vela se apague y, una vez consumida por completo, guarda las seis monedas de plata en tu bolso o cartera, pero no las gastes porque actuarán como un imán para el dinero, atrayéndolo hacia ti.

Hechizo para saldar deudas

Endeudarse puede ser una experiencia traumática y, por desgracia, frecuente. Si empiezas a acumular deudas, empieza pagando primero la más pequeña, mientras realiza los pagos mínimos de las demás. Una vez hayas saldado la deuda más pequeña, utiliza el dinero que destinabas cada mes a ella para pagar la siguiente más pequeña, y así sucesivamente, hasta saldarlas todas. Dependiendo del tamaño de tus deudas, puede ser una experiencia muy dura, así que utiliza este hechizo para ayudarte a mantener el rumbo. Durante la luna menguante, escribe cuánto debes y a quién. Luego escribe las palabras

Pagaré fácilmente esta deuda

Mes a mes, que así sea.

Introduce el papel en un sobre y añade una pizca de pimienta negra para ahuyentar la deuda. Enrolla el sobre y enciéndelo, dejándolo arder en el caldero. A continuación, refuerza el hechizo creando una orden permanente para pagar la deuda cada mes, de modo que no tengas que volver a pensar en ella. Una vez saldada la deuda, repite el hechizo con todas las demás deudas que tengas hasta que estés libre de deudas.

Si realmente no puedes pagar, recurre a una organización benéfica que te pueda ayudar mediando con tus acreedores.

Hechizo para aumentar tus ahorros

Tener ahorros debería considerarse algo esencial y deberíamos coger el hábito de destinar una parte importante de nuestros ingresos mensuales al ahorro. Sin embargo, adquirir este hábito no siempre es fácil, por lo que este pequeño hechizo podría ayudarte. Coge un extracto bancario o algo de dinero –cualquier cosa que represente tus ahorros– y pon una pirita de hierro encima. Pon las manos encima y canta:

Siempre tengo mucho dinero

Porque son un imán para la riqueza.

Repite el canto durante el tiempo que quieras, luego pon el objeto elegido y la piedra de pirita en una caja especial y di:

Esta hucha atrae el dinero

Lo guardo bien y en abundancia

El dinero entra, todo el tiempo

Lo mantengo a salvo y anclado

A medida que el dinero fluye hacia mí

Lo cultivo hasta que crece

Que así sea.

Trata bien tus ahorros, míralos crecer y no recurras a ellos por nada del mundo. Recuerda que si cuidas del dinero, el dinero cuidará de ti.

Capítulo
Nueve

INVOCAR LA PROTECCIÓN

A veces, el mundo es un lugar aterrador y habrá momentos en tu vida en los que te sentirás amenazado o notarás que alguien va a por ti. Los chismes, la discriminación, los prejuicios, la delincuencia...pueden tener un impacto negativo en tu vida y en tu sensación de seguridad y bienestar. Aunque el mundo no puede cambiarse de la noche a la mañana, simplemente con ser amable con los demás puedes atraer más cosas positivas hacia ti. Y aparte, los hechiceros suelen lanzar hechizos de protección para crear una barrera mágica contra las vibraciones negativas.

La magia de protección es una forma de magia preventiva que los hechiceros utilizan con regularidad para alejar las energías negativas y a los individuos con malas intenciones: ¡no esperamos a que ocurran cosas malas para sacar nuestras varitas! Así, la mayoría de hechiceros lanzan hechizos de protección alrededor de sus casas todos los días, y no se esperan a que haya una oleada de robos en la zona.

También puedes utilizar hechizos de protección cuando alguien tiene malas intenciones hacia ti. Por ejemplo, si alguien está cotilleando sobre ti o intentando sabotear tu trabajo, no hace falta saber quién es el instigador, ya que los hechizos de protección actúan para poner fin a la situación, y no para impedir que una persona concreta sea malvada. Los hechizos de protección son una fuerza mágica poderosa y altamente efectiva que respeta la regla de "No hacer daño" a la vez que pone fin a la situación negativa. Pueden ayudarte a sentirte seguro y a acabar *con el miedo*

CORRESPONDENCIAS MÁGICAS DE PROTECCIÓN

Aquí tienes las correspondencias para la magia de protección.

Colores: negro, gris, azul oscuro, morado, rojo oscuro, blanco

Cristales: hematites, ónix, amatista, sodalita, cuarzo ahumado

Plantas: cardo, romero, albahaca, acebo, cúrcuma, ajo, artemisa, dedalera

Aceites: árbol de té, bergamota, eucalipto, cedro, pino

Incienso: pino, salvia, reina de la noche, pachulí, sangre de dragón, pimienta negra

Sal negra en polvo para esparcir

La sal negra es un polvo tradicional utilizado en magia protectora. Se puede añadir a bolsas de hechizos, inciensos y velas o, como en este caso, se puede utilizar como polvo de dispersión para proteger tus límites. Antiguamente, la sal negra se preparaba con las cenizas del fuego del hogar del hechicero, pero hoy en día, con las casas con calefacción central, es más común utilizar las cenizas del carbón o de las varillas de incienso usadas. Recogemos estas cenizas y las colocamos en un mortero, añadiendo cantidades iguales de sal blanca, pimienta negra y salvia seca, y lo molemos todo con el mortero hasta obtener un polvo fino. A continuación, transferimos la sal negra a un tarro, lo tapamos y lo etiquetamos. En la noche de luna oscura, esparce este polvo encantado por el exterior de tu casa y tu coche, colocando pizcas en los alféizares, las puertas y las ruedas del coche. Luego, esparce unas pizcas también por el jardín, concentrándote en los puntos de acceso, como entradas y puertas, y mientras lo haces, canta:

De todo mal y negatividad

Protejo mi propiedad

Con ceniza de sal negra y la voluntad del hechicero

Protejo este lugar de todo mal.

Hechizo de la manzana podrida para atajar el rencor

Si sientes que alguien te guarda rencor, lanza un hechizo para cortar esta situación de raíz. Este hechizo se puede utilizar para todo tipo de chismes, sabotajes o celos que te acechen. Necesitarás un tarro grande con tapa; por ejemplo, un viejo tarro de velas te servirá. Coge una manzana lo suficientemente pequeña para que quepa en el tarro y quítale el corazón, dejando el resto de la manzana intacta. A continuación, en una hoja de papel y con bolígrafo negro, escribe cuál es el despecho al que te enfrentas y qué resultado quieres conseguir. Por ejemplo: *Quiero poner fin al sabotaje que están realizando de mi trabajo* o *Quiero poner fin a los celos que me tienen.* No nombres a nadie en particular: estás arremetiendo contra una situación, no contra una persona.

Ahora, enrolla la hoja de papel y séllala con cera negra para velas, después insértala en el centro de la manzana, donde estaba el corazón.

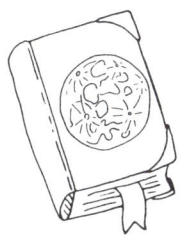

Sostén la manzana en tus manos y di:

El rencor en el interior ya no será

Está podrido hasta la médula

Que los que me desean el mal

No me molesten más

Recuerdo siempre la regla de tres

De no causar ningún problema

Ese rencor es tres veces contraproducente

Lo echo de mi vida.

Por último, coloca la manzana en el tarro y ponle la tapa. Sácala al exterior y colócala en un lugar donde la puedas ver con facilidad, pero no demasiado cerca de tu casa, por lo que un jardín sería lo ideal. Observa cómo se pudre y ennegrece la manzana durante las próximas semanas, sabiendo que, a medida que se pudre, disminuye el rencor que te tienen. Cuando la manzana esté completamente negra, sácala del tarro y ponla a compostar en la tierra. Llegados a este punto, la situación con la que querías acabar debería estar resuelta.

Hechizo de descruce

¿Alguna vez sientes como si el mundo conspirase contra ti? ¿Alguna vez sientes que solo tienes mala suerte y que nada te sale bien? Si es así, puede ser el momento para un hechizo de descruce. Estos hechizos se utilizan para deshacerse de cualquier mal de ojo, mala suerte o vibraciones negativas que se te hayan unido. Es un tipo de limpieza mágica y a la vez un hechizo de protección, y actúa para eliminar todas las energías negativas no deseadas que te rodean.

En el momento de la luna menguante, coge un limón y córtalo casi por la mitad para que se abra parcialmente, como un libro. En una hoja de papel escribe las siguientes palabras:

Mal buscado, hechizo atormentado

Elimina estos estados con este texto mágico

Sin cruz, sin maldición,

La energía negativa vuelve a la tierra.

Dobla el papel y colócalo en el centro del limón. Añade una pizca de sal y cierra el limón. Entiérralo lejos de tu casa, aléjate y no mires atrás. Tu desgracia ya ha pasado.

Frasco de hechicero

Los frascos de hechicero se han utilizado durante siglos en la magia protectora. Los hemos encontrado enterrados bajo los umbrales, las piedras del hogar y en las chimeneas de casas antiguas. En la antigüedad se creía que un espíritu maligno no podía entrar en la casa sin contar antes todos los granos y objetos que había en el frasco. Por ende, se creía que los frascos de hechicero protegían la casa y sus habitantes de todo tipo de daños, incluidos los causados por las tormentas, así que es útil tenerlos a mano. De hecho, en la actualidad los frascos de hechicero se siguen utilizando para proteger el hogar.

Necesitarás un pequeño frasco con tapa o corcho, que habrás limpiado con el humo de una varilla de incienso. En este frasco echa tres alfileres, tres clavos pequeños, tres fragmentos pequeños de cristal o espejo roto y pequeños cristales de amatista, hematites y cuarzo ahumado. Luego llena el frasco con capas de hierbas secas y polvos y añade cualquiera de los siguientes ingredientes: sal negra, sal blanca, cúrcuma, ajo en polvo, albahaca, salvia, romero, dedalera, artemisa y agujas de pino. Continúa hasta que el frasco esté lleno y, a continuación, sella la parte superior con cera de vela negra. Sostén el frasco en tus manos y pronuncia el siguiente encantamiento para transmitirle tu propósito:

Umbral protegido

Mal rechazado

Puerta vigilada

Entrada protegida

Frasco de hechicero oculto

Entrada prohibida

Toda intención malévola

¡Se echa!

A salvo de daños

Con el encanto del frasco de hechicero

Como yo quiero

Así será.

Mantén el frasco de hechicero lo más cerca posible de la puerta de entrada o, si tienes chimenea, colócalo junto al hogar o en la chimenea.

Escalera de protección del hechicero

Los hechizos de nudos son una forma muy sencilla de magia que puede utilizarse junto con otros hechizos o sola. También conocidos como la escalera del hechicero, los hechizos de nudos existen desde hace cientos de años, y están pensados para actuar como un talismán protector. Es mejor que los realices en una noche de luna llena. Necesitarás una cinta morada, roja oscura o negra de unos 30 cm de largo. Empezando en el centro de la cinta, haz un nudo, luego haz cuatro nudos a cada lado del primero, alternando los lados y pronunciando la frase adecuada del hechizo a medida que avanzas:

Con el nudo de uno, comienza la protección

Con el nudo de dos, mi hechizo es verdadero

Con el nudo de tres, protegido sea

Con el nudo de cuatro, sello la puerta

Con el nudo de cinco, protegido, próspero

Con el nudo de seis, mi hechizo está preparado

Con el nudo de siete, todos a salvo bajo el cielo

Con el nudo de ocho, mi destino creo

Con el nudo de nueve, la escalera del hechicero es mía.

Una vez hecho el nudo final, deja la escalera del hechicero a la luz de la luna llena y llévatela contigo como talismán protector contra el mal y la desgracia.

Capítulo
Diez

PODER EVOCADOR

El poder de la hechicería puede dirigirse hacia cualquier aspecto de tu vida. Hasta ahora nos hemos ocupado del amor, el dinero y la protección, que son los principales ámbitos para los que la gente utiliza hechizos, pero en este capítulo exploraremos otros tipos de magia y rituales, desde la adivinación hasta los hechizos para aprobar un examen o la incubación de sueños. También aprenderás cómo empezar a crear tus propios hechizos y cómo realizar un ritual de autoiniciación.

CORRESPONDENCIAS MÁGICAS PARA EL PODER

Aquí están las correspondencias para la magia poderosa.

Colores: negro, morado, rojo, blanco

Cristales: hematites, amatista, cuarzo claro, cuarzo ahumado, cuarzo nieve

Plantas: lavanda, romero, albahaca, salvia, artemisa

Aceites: árbol de té, pachulí, eucalipto, pino

Incienso: pino, salvia, reina de la noche, pachulí, sangre de dragón

Adivinación

La adivinación es el arte de ver imágenes en un recipiente, como una bola de cristal, un espejo oscuro o un cuenco de agua. Las bolas de cristal y los espejos oscuros pueden ser caros, así que puedes decantarte por un cuenco oscuro, como por ejemplo tu caldero, o un bol de cereales con el interior oscuro. Es importante que la superficie sea oscura porque da la ilusión de mayor profundidad, lo que facilita la visión.

Tener visiones se conoce a menudo como tener *vista*, es decir, tener la capacidad de ver imágenes del pasado, presente y futuro y de saber cosas que aún no han sucedido. Es un tipo de capacidad psíquica, y la adivinación es una práctica ritual que puede potenciar y alimentar esta capacidad.

Todos tenemos un cierto grado de poder psíquico, comúnmente llamado intuición, pero cultivar este talento hasta alcanzar un alto nivel lleva tiempo. Cuando empieces a practicar la adivinación es posible que no seas capaz de ver nada, lo cual es muy común y no significa que no tengas poder psíquico, sino que simplemente necesitas practicar más para desarrollar esta habilidad. Practicar la adivinación con regularidad, a ser posible todos los días a la misma hora, te ayudará a progresar con más rapidez.

Adivinación con agua

Coge tu caldero o un cuenco pequeño y llénalo de agua de manantial o de luna. Colócalo sobre una superficie en la que puedas sentarte cómodamente (por ejemplo tu altar o una mesa de comedor serían una perfecta elección). A continuación, apaga todas las luces y lámparas y enciende una única vela negra. Colócala cerca, pero sin que la llama se refleje en el agua, ya que necesitas una superficie de agua clara y negra para trabajar, sin reflejos. Respira hondo tres veces y pronuncia el siguiente conjuro para iniciar la sesión de adivinación:

Espejo de aguas profundas

Libera el visón que guardas

Enséñame el mundo de nuevo

A través de ojos psíquicos y visiones verdaderas

Aquí, en mi caldero oscuro

El espejo de agua muestra la chispa de la sabiduría.

Mira el cuenco de agua y relaja los ojos. No mires con fijación, simplemente contempla con tus ojos cómodamente. Ten en mente una pregunta para la que quieras respuesta y deja que el agua te revele su verdad. Sabrás que se acerca una visión cuando el agua aparezca de repente humeante o las nubes crucen la superficie del agua. Cuando esto ocurra, mantén la concentración y deja que las visiones te alcancen. Te llevará algo de práctica, pero es un don por el que merece la pena perseverar.

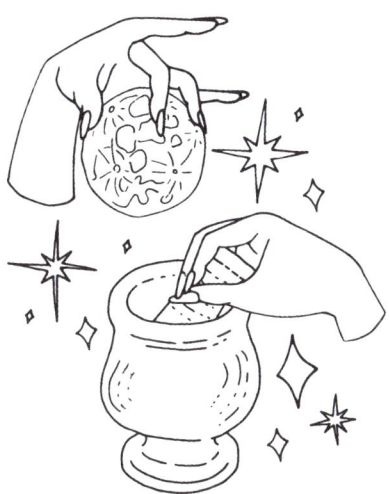

Adivinación con cera

Cuando hayas terminado con la adivinación con agua, puedes obtener aún más claridad con la adivinación con cera. Coge con cuidado la vela negra y deja caer la cera en el cuenco de agua. Observa qué formas adopta la cera caliente al chocar con el agua fría e intenta interpretarlas, utilizando tu intuición. Te indicamos aquí algunos significados típicos para que te sirvan de punto de partida:

Estrella: un deseo se hará realidad

Flecha: estás siendo guiado en tu camino

Flor: un tiempo de crecimiento y belleza vendrá

Corazón: florecerán el amor y la amistad

Aves: tiempo de anidar

Barco: tu barco ha llegado, trayendo abundancia

Caballo: un viaje está por venir

Hoja: planta semillas de crecimiento y fija nuevos objetivos

Árbol: realización, un objetivo se está cumpliendo

Gato: alimenta tu espíritu independiente

Hechizo de incubación de sueños

La incubación de sueños consiste en pedir a tu subconsciente que te envíe un sueño sobre un tema muy concreto. Los antiguos hechizos para soñar con tu futura pareja son un tipo de incubación de sueños. En este hechizo, vas a preparar una bolsa de sueños con hierbas dulces que promueven la ensoñación. Para ello, toma una pequeña bolsa de color púrpura o azul oscuro y pon en ella una cucharadita de cada una de las siguientes hierbas y flores secas: artemisa, lavanda y flores de manzanilla. Ahora escribe en un papel el tema con el que deseas soñar. Puede ser cualquier cosa: una petición de guía divina, la respuesta a una pregunta, una conexión onírica con un ser querido lejano... Introduce, a continuación, el papel en la bolsa con las hierbas, acércala a tu corazón y di:

Bolsa de hierbas de aroma tan dulce

Tráeme visiones mientras duermo

Dentro de esta bolsa hay una pregunta

La respuesta está en el sueño profundo.

Llévate la bolsa a la cama, dale un beso y ponla bajo la almohada. El sueño debería manifestarse en tres noches. Una vez que se haya manifestado, retira el papel del hechizo y quémalo, pero conserva la bolsita de hierbas para futuros hechizos de sueños.

Hechizo para aprobar un examen o entrevista

Si te sientes estresado por un examen o una entrevista de trabajo, haz este pequeño hechizo rápido para tener una ventaja mágica. Siete días antes de la prueba, coge un cristal de citrino, sostenlo en tus manos y di:

El universo es amable conmigo

Éxito en mi examen/entrevista encontraré.

Repite esto cada uno de los siete días y luego llévate el cristal a la entrevista o al examen. Asegúrate de que te has preparado a conciencia y mantén el mantra en tu mente hasta que te llamen para hacer la prueba. Mucha suerte.

CÓMO ESCRIBIR TUS PROPIOS HECHIZOS

A medida que progreses en el arte de la hechicería, llegará un punto en que querrás empezar a escribir tus propios hechizos, lo cual es un síntoma muy positivo y un componente clave de tu progreso en el camino wiccano. Así como los hechizos que hemos visto en este libro funcionan y son un gran punto de partida, nunca serán tan eficaces como los hechizos que creas por tu cuenta, ya que en ellos estarás añadiendo tus propios poderes de creatividad a la magia. El hechizo se vuelve más personal cuando está hecho a medida por ti. Además, para estos nuevos hechizos puedes basarte en materiales que ya posees y tienes en casa, no hace falta que salgas a comprar nada nuevo.

Cuando escribas tus hechizos y rituales, recuerda que todos los hechizos tienen los mismos componentes, que son los siguientes:

* Una noción de si el hechizo es de manifestación o de expulsión

* Un reconocimiento de las fases de la luna

* Ética: ¿respeta la Rede Wicca?

* Utilización de correspondencias específicas, adaptadas al hechizo

* Una intención clara y definida

* Una carga de poder, a menudo a través de un encantamiento pronunciado

* Una liberación del hechizo.

Tendrás que discernir si lo que quieres es atraer algo hacia ti o eliminar algo de tu vida, lo que a su vez te ayudará a determinar qué fase de la luna debes utilizar, teniendo en cuenta que la luna nueva hacia la luna llena es para la manifestación y la luna llena hacia la luna menguante es para la eliminación.

Revisa el compromiso ético y cerciórate de que con tu hechizo no manipulas el libre albedrío de nadie. ¿Tienes una intención definida? ¿Cuál es el propósito del hechizo y el resultado deseado? A continuación, debes decidir qué correspondencias vas a utilizar, así que ¿qué colores, cristales, hierbas...formarán parte de tu hechizo? ¿Cómo lo cargarás? ¿Lo dejarás en el pentáculo, o a la luz del sol o de la luna, o escribirás un conjuro, o las tres cosas? Por último, ¿cómo liberarás el hechizo para que haga su magia: quemándolo, enterrándolo, o llevándotelo contigo?

Una vez que tengas la respuesta a todas estas preguntas, tendrás una estructura de hechizo bien pensada, que puedes añadir a tu Libro de las Sombras para futuras referencias, de modo que puedas escribir hechizos con confianza y disfrutar de la práctica.

Ritual de autoiniciación de un año y un día

Cuando hayas decidido que la Wicca es definitivamente el camino adecuado para ti, puedes realizar este ritual de autoiniciación, que consiste en prometerle al Señor y a la Señora que estudiarás y practicarás el arte, a partir de hoy y durante el próximo año.

Después de trazar el círculo, invocar los cuartos e invocar al Señor y a la Señora, dirígete a tu altar vestido de cielo, o desnudo, coge un pequeño frasco de aceite de almendras y, con la mano derecha, úngete el cuerpo en forma de pentagrama, o de estrella de cinco puntas, de la siguiente manera:

* La primera gota de aceite va en la frente

* La segunda en tu cadera izquierda

* La tercera en el hombro derecho

* La cuarta en el hombro izquierdo

* La quinta en tu cadera derecha

* La sexta la frente, completando así el pentagrama.
  Ahora di:

> Me comprometo por un año y un día
>
> Al Señor y a la Señora y a la Vía Wicca
>
> Que así sea.

Firma.. Fecha...........................

Ahora eres un miembro autodidacta del camino wiccano.

Conclusión

¡Nos separamos con alegría!

Espero que hayas disfrutado de este libro de sabiduría wiccana y que sigas disfrutando de tu viaje mágico. La magia está dentro de cada uno de nosotros. Es simplemente una forma de enfocar las energías naturales de los elementos y del mundo que nos rodea para lograr un resultado y un deseo específicos. Los hechizos y rituales aprovechan la magia ya presente en la naturaleza, permitiendo al hechicero obrar manifestaciones positivas.

Como practicante de la Wicca, ahora ya tienes el conocimiento necesario para usar este poder con el objetivo de mejorar tu vida y vivir en armonía con el cambio de las estaciones y la Rueda del Año. Confía en ti y en tu magia y serás capaz de usar el poder de la Wicca para mejorar todos los aspectos de tu vida y dar la bienvenida a las muchas bendiciones que te llegarán (si se lo permites).

Mantente fuerte en el amor y la luz del Señor y de la Señora.

Bendiciones de luz, hasta nuestra próxima reunión,

Marie Bruce x

Índice de hechizos

ÍNDICE DE HECHIZOS

Lecturas complementarias

Bruce, Marie, *The Book of Spells*, (Arcturus, 2022)

Bruce, Marie, *Celtic Spells*, (Arcturus, 2022)

Buckland, Raymond, *Buckland's Complete Book of Witchcraft*, (Llewellyn, 1997)

Cunningham, Scott, *Wicca; A Guide for the Solitary Practitioner*, (Llewellyn, 1997)

Cunningham, Scott, *Living Wicca; A Further Guide for the Solitary Practitioner*, (Llewellyn, 1997)

Cunningham, Scott, *The Truth About Witchcraft Today*, (Llewellyn, 1997)

Curott, Phyllis, *Book of Shadows*, (Piatkus, 1998)

Horne, Fiona, *Witch; A Magical Journey, A Guide to Modern Witchcraft*, (Thorsons Harper Collins, 2000)

Hutton, Ronald, *The Triumph of the Moon; A History of Modern Pagan Witchcraft*, (Oxford University Press, 1999)

Illes, Judika, *The Element Encyclopedia of Witchcraft*, (Element Harper Collins, 2005)

Jordan, Michael, *Witches; An Encyclopedia of Paganism and Magic*, (Kyle Cathie Limited, 1998)

Morningstar, Sally, *The Wicca Pack; Weaving Magic into your Life*, (Godsfield Press, 2001)